Murmullos de Dios
TE ESCUCHO

Murmullos

Mariana González de Russildi

Editor: Eliud A. Montoya

Murmullos de Dios: Te escucho

Copyright © 2021 por Mariana González de Russildi

Todos los derechos reservados

Derechos internacionales reservados

ISBN: 978-1-951372-23-1

Las citas bíblicas de esta publicación han sido tomadas de la Reina-Valera 1960^{TM} © Sociedades Bíblicas en América Latina, 1960. Derechos renovados 1988, Sociedades Bíblicas Unidas. Utilizado con permiso.

Apreciamos mucho HONRAR los derechos de autor de este documento y no retransmitir o hacer copias de éste en ninguna forma (excepto para el uso estrictamente personal). Gracias por su respetuosa cooperación.

Diseño del libro: Iuliana Sagaidak Montoya

Editorial: Palabra Pura, www.palabra-pura.com

CATEGORÍA: Religión / Vida cristiana / Devocional

CONTENIDO

Mensaje de la autora 9
Prólogo 11
1. A sus ángeles mandará 13
2. Con hojas o sin hojas 16
3. De adentro hacia afuera 18
4. ¿En crisis? 20
5. Nutrición celular 23
6. El valor que tengo ante Dios 25
7. La palmera enclenque 27
8. Y tú, ¿qué esperabas? 29
9. La primera clase de manejo 31
10. Pum, pum, pum 33
11. El estanque escurridizo 35
12. Sansón 37
13. Las generaciones antiguas 40
14. Los cinco sentidos 43
15. El faro en el verano 45
16. La verdad absoluta de Dios 47
17. Popeye *el marino* 49
18. ¡Él cuidará de mí! 51
19. El tío Eleazar 54
20. Anorexia de Espíritu 56
21. Atentos sus oídos 59

22. La rueda de la fortuna 61
23. Patch Adams 63
24. Reciclados 65
25. Conejos con colesterol 67
26. No dejes que la razón mate tu fe 70
27. Setenta veces siete 72
28. Alzaré mis ojos a los montes 74
29. Amarás a tu prójimo, ¿cómo a ti mismo? 76
30. A su imagen y semejanza 78
31. Provisión espiritual. 80
32. Día del padre. 82
33. Creer, conocer y creerle. 84
34. El dolor que protege. 86
35. El semáforo de la oración. 88
36. Él me rescata sin importar de dónde . . . 90
37. Preservar la vida. 92
38. Bodas judías. 94
39. Multitud de alergias. 96
40. La ilustración de la rana. 98

MENSAJE DE LA AUTORA

En este libro encontrarás 40 historias que son producto de una parte de mi experiencia personal con Dios. Aunque no significa que todas y cada una de ellas hayan sido una vivencia mía, sí son un medio para explicar lo que tengo en mi corazón, y útiles para ilustrar los versículos bíblicos que Dios me inspiró para compartirte. Incluyo también una oración que nace de lo profundo de mi ser y que puede servirte para que tú también hables con Dios de esa manera.

El objetivo de este libro devocional no es entretenerte con las historias que aquí se exponen, sino que busques a Dios en cada momento de tu vida mediante su lectura; que abras tu corazón para dejar que Dios mismo te hable y Él nutra espiritualmente tu vida con sus palabras.

Encontrarás también, al final de cada historia, un espacio que dice: «Hazlo personal». Este espacio tiene el propósito de que lleves un registro de todo aquello que Dios murmura a tu vida; o bien, puedes utilizar ese espacio para escribirle algo a Dios desde lo profundo de tu corazón, y verás cómo Él te responderá.

Espero que este libro sea de bendición para ti, de la misma manera que lo ha sido para mí.

En el amor de Cristo,

Mariana González de Russildi

PRÓLOGO

Hay una pregunta que muchas personas se hacen. Esta pregunta es una pregunta válida, sin embargo, viven la vida sin realmente buscar con todas sus fuerzas la respuesta. Estas personas se sientan a esperar y a esperar, pero no están dispuestas a abrir su mente y su corazón al Dios vivo, Aquel que creó los cielos y la tierra; Aquel que abrió el Mar Rojo para salvar a su pueblo, y —mayormente— Aquel que, sin miramientos, envió a su Hijo unigénito a morir en una cruz de una manera indescriptiblemente dolorosa y cruel, a fin de rescatarnos de la muerte eterna, de un sufrimiento sin fin. Aquel que, sin merecerlo, nos dio vida eterna mediante la sangre de su Hijo, y heredó para nosotros una tierra nueva y perfecta, creada para ser nuestra casa por la eternidad.

Pues bien, la pregunta a la que me refiero es esta: ¿Habla Dios hoy con los seres humanos? Si lo hace, este libro está escrito para quienes están dispuestos a escucharlo.

<u>Salmos 37:3-5</u> «Confía en Jehová, y haz el bien; Y habitarás en la tierra, y te apacentarás de la verdad. Deléitate asimismo en Jehová, Y Él te concederá las peticiones de tu corazón. Encomienda a Jehová tu camino, Y confía en él y él hará».

Reconocer a Dios en cada cosa que nos sucede en la vida es algo esencial. Dar gloria a Quien la merece es indispensable para todo aquel que camina de su mano.

Pero llegar a este reconocimiento esencial implica un proceso: en primer lugar, es necesario aceptar a Cristo como Hijo de Dios y reconocerlo como el único camino, la verdad absoluta y la vida eterna; esto hace que te conviertas en un hijo(a) de Dios por adopción, así eres sellado(a) con el Santo Espíritu, el cual nos hace discernir la Palabra de Dios.

> <u>Juan 1:12</u> «Mas a todos los que le recibieron, a los que creen en su nombre, les dio potestad de ser hechos hijos de Dios; los cuales no son engendrados de sangre, ni de voluntad de carne, ni de voluntad de varón, sino de Dios».

En segundo lugar, debes orar a Dios todo el tiempo.

<u>1 Tesalonicenses 5:17</u> «Orad sin cesar»

Y en tercer lugar, debes leer la Palabra de Dios tanto como puedas, pues esto es una parte indispensable para la obediencia: no podemos obedecer lo que no sabemos, ni seguir a quien *no* conocemos.

Cuando escribí este libro pensé en mis hijos. En muchas de las historias ellos estuvieron presentes y en otras ellos mismos fueron los protagonistas. Este no es un libro evangelístico, ni es un estudio bíblico, ni un libro con énfasis profético, es simplemente un libro para recordarle a mis hijos que Dios ha estado presente; que Él está y estará con nosotros siempre; que debemos reconocerlo y seguirlo a cada momento. Que la única y verdadera felicidad sólo se logra al tenerlo en nuestras vidas, y vivir con un corazón agradecido por las bendiciones que Él nos da todos los días de nuestras vidas.

Dios puede utilizar este libro para que conozcas a Cristo como Señor y Salvador, este puede ser un medio que Dios use para hablarte. No obstante, su Palabra fiel y verdadera es la Biblia y es ahí donde debemos de invertir el mayor tiempo posible. Es bueno leer libros cristianos, pero nunca nada podrá sustituir la bendición de leer su Palabra directamente y dejar que Él te hable estando tú y Él solos, en intimidad.

Como siempre, a Dios sea la gloria. Le agradezco por haber puesto en mi corazón tanto el querer como el hacer respecto a este proyecto, y por darme su Santo Espíritu para reconocerlo, y así poner en palabras la hermosa aventura que he vivido con Él. Pues sin Él y su obra en mi vida, este libro nunca existiría.

Todo es por Él y para Él. Yeshúa, Adonai [Jesús, Señor].

A sus ángeles mandará

Hace algún tiempo tuvimos una perrita llamada Lola. Ésta era una perrita encantadora y graciosa, pero un día se escapó de la casa, y yo tomé el auto y salí a buscarla.

Preguntaba a toda persona que encontraba a mi paso por ella, pero todos ellos me decían que no la habían visto. Entre estas personas a quienes pregunté estuvo un hombre quien estaba sentado en una esquina. Como a los demás, yo le pregunté si había visto a Lola. La respuesta del hombre fue tan simple como la de los otros: «No, no la he visto», así que, yo continué mi búsqueda.

Luego de esto, habiendo avanzado algunas cuadras, hubo algo dentro de mí que me dijo: «Regrésate». Yo ignoré este pensamiento por un momento, pero de nuevo vino a mí la misma voz interna: «Regrésate». Yo no sabía lo que estaba sucediendo, así que seguí manejando. Sin embargo, vino una tercera vez más ese pensamiento a mí, pero ahora con más intensidad, con una voz de mando indescriptible. Ante esto, no pude resistir más y regresé a donde estaba aquel hombre.

Regresé, y ahí seguía. Entonces le pregunté cómo estaba, si estaba todo bien. Ante mi pregunta, me contó su historia. Lo habían deportado de Estados Unidos, era diabético, tenía hambre y no tenía dinero para regresar de nuevo a su casa; así que le dije que me esperara ahí, que regresaría y lo ayudaría, entonces él me preguntó: «¿Eres doctora?» «No, pero tengo comida» —contesté. Volví a mi casa, le conté a mi esposo y mi esposo me dijo que él se haría cargo de eso, que yo fuera por las niñas a la escuela. Así que lo hice, y cuando regresé, mi esposo se acompañó de una de las niñas para ayudar al hombre. Cuando ambos regresaron, mi hija me dijo que el hombre les dijo que justo antes de que yo regresara para intentar ayudarlo, él estaba leyendo en el salmo 91 este versículo: «Pues a sus ángeles mandará...», él era un cristiano.

¿Dios aún habla a las personas? Yo creo que sí; pero la pregunta más importante es: ¿están ellas dispuestas a escucharlo?

> Salmo 91 «El que habita al abrigo del Altísimo Morará bajo la sombra del Omnipotente. Diré yo a Jehová: esperanza mía, y castillo mío; Mi Dios, en quien confiaré. Él te librará del lazo del cazador, De la peste destructora. Con sus plumas te cubrirá, Y debajo de sus alas estarás seguro; Escudo y adarga es su verdad. No temerás el terror nocturno, ni saeta que vuele de día, ni pestilencia que ande en oscuridad, Ni mortandad que en medio del día destruya. Caerán a tu lado mil, Y diez mil a tu diestra; Mas a ti no llegará. Ciertamente con tus ojos mirarás Y verás la recompensa de los impíos. Porque has puesto a Jehová, que es mi esperanza, al Altísimo por tu habitación, No te sobrevendrá mal, Ni plaga tocará tu morada. Pues a sus ángeles mandará acerca de ti, que te guarden en todos tus caminos. En las manos te llevarán, Para que tu pie no tropiece en piedra. Sobre el león y el áspid pisarás; Hollarás al cachorro del león y al dragón. Por cuanto en mí ha puesto su amor, yo también lo libraré; Le pondré en alto, por cuanto ha conocido mi nombre. Me invocará, y yo le responderé; Con él estaré yo en la angustia; Lo libraré y le glorificaré. Lo saciaré de larga vida, Y le mostraré mi salvación».

Señor: *Abre mis ojos, mis oídos y todos mis sentidos para poder reconocerte cuando me hablas, de la misma manera que una oveja reconoce a su pastor. Reconozco que mis actividades diarias a veces me apuran de-*

masiado y dejo de lado mi relación contigo. Te amo y te pido que cambies eso en mí, en el nombre de Cristo Jesús, amén.

Hazlo personal

El murmullo de Dios para mí...

_____

_____

_____

_____

_____

_____

Con hojas o sin hojas

Existen algunos que, cuando escogen las frutas y verduras en el supermercado, demoran mucho. Ellos escogen lo mejor de las frutas y verduras, luego quitan de ellas lo que no se come (p. ej. las hojas de la piña o las del elote; e incluso la colita de los chiles). Luego lo pesan, lo acomodan en una bolsa, lo ponen cuidadosamente en el carrito; y al final, se dirigen a la caja y pagan el precio asignado por estos comestibles.

Todo este proceso me hace recordar a Dios. Él lo ve todo, Él nos creó, unos más dulces que otros, unos más fuertes que otros, unos con más hojas, otros con menos hojas; pero a diferencia de los hombres, Él nos toma como estamos. El pagó el precio total por nuestra vida, con todo y nuestros defectos y graves pecados. Después, con amor, quita de nosotros todo aquello que no sirve, nos lleva por el camino y nos guía hasta su casa, la que sorprendentemente ha hecho nuestra, cuando estemos en su presencia.

A nadie le gusta el proceso de limpieza espiritual; es un proceso largo y a veces doloroso, pero Dios sabe lo que es mejor para nosotros.

Es una bendición saber que no es por nosotros mismos que nos ganaremos el cielo, sino que el mismo Dios, quién creó todo, es quien nos escogió, nos tomó y nos lleva día a día a través de sus caminos hasta el hogar eterno.

> Efesios 2:8-9 «Porque por gracia sois salvos por medio de la fe; y esto no de vosotros, pues es don de Dios; no por obras, para que nadie se gloríe».

Señor: *No existen palabras que puedan servir para agradecerte lo mucho que nos amas y la misericordia que nos regalas cada día. No existen palabras más que nuestro corazón y nuestras vidas, ellas son un reflejo de tu amor. Gracias Dios por la vida de tu Hijo en esa cruz. Oro en el nombre Jesús, amén.*

Hazlo personal

El murmullo de Dios para mí...

_____

_____

_____

_____

_____

_____

De adentro hacia afuera

No se puede dar lo que no se tiene, esta ha sido durante mucho tiempo una de mis frases predilectas, sobre todo al hablar con personas que tienen la buena intención de cambiar al mundo, pero no tienen sino eso. No es que sea malo querer cambiar el mundo para bien, pero no podrás hacerlo a menos que empieces por dejar que Dios te cambie a ti primero.

Lo extraño del asunto es que, al dejarte ser transformado y moldeado por Dios, tu perspectiva del mundo cambiará. Ya no se tratará de cambiar el mundo con tus fuerzas, sino te pondrás a rogar por misericordia a favor de quienes no conocen de Dios. Por quienes que, aunque han oído hablar de Él, no lo ven en su vida; no lo escuchan, no viven de su mano. Ellos son quienes viven una vida sin sentido y vagan por el mundo en búsqueda de una respuesta a su sufrimiento. Tratan de llenar el vacío que hay en sus vidas, pero no pueden, pues este vacío solo puede ser lleno por Dios a través de su Santo Espíritu.

Suena sencillo, pero tomar la decisión de seguir a Cristo no lo es; no cuando lo haces de corazón, dejando atrás tus deseos para seguir la voluntad de Dios.

Es ahí, cuando tomas esta decisión desde el fondo del corazón, que Dios llenará tu ser como quien llena una vasija con agua viva, un agua maravillosa que, aunque correrá a través de ti, no se vaciará.

Cuando somos llenos de Él, compartir con los demás esta maravillosa experiencia, y hablar sobre la perspectiva de Dios, será la prioridad en ti. Preparémonos para ser llenos del Santo Espíritu, y que Él sea quien nos dé una perspectiva clara y justa del mundo en el que estamos.

> 2 Corintios 5:17 «De modo que si alguno está en Cristo, nueva criatura es; las cosas viejas pasaron; he aquí todas son hechas nuevas».
>
> Jeremías 18:4 «Y la vasija de barro que él hacía se echó a perder en su mano; y volvió y la hizo otra vasija, según le pareció mejor hacerla».
>
> Juan 7:38 «El que cree en mí, como dice la Escritura, de su interior correrán ríos de agua viva».

Señor: *Que cada día nos dejemos moldear por ti, que estemos tan llenos de tu Espíritu que podamos compartirlo con los demás. Ayúdanos a buscarte en la intimidad para ser guiados por tu Santo Espíritu todos los días de nuestra vida y que nuestro testimonio sea de adentro hacia fuera. En el nombre de tu amado Hijo Cristo Jesús, amén.*

Hazlo personal

El murmullo de Dios para mí...

_____

_____

_____

_____

_____

¿En crisis?

Durante mi vida, Dios me ha llevado por diversas pruebas. En ocasiones sentí que me ahogaba, en otras que me quemaba, pero independientemente de lo que sentí, durante dichas pruebas puedo asegurar que Dios estuvo ahí.

En esos momentos de angustia en los que no ves claro, ahí está Dios; aunque no lo sientas, ahí está Él trabajando en ti. Él está más interesado en tu muerte que en tu vida, pues tu muerte significa el paso a la vida eterna con Él.

Al ver en retrospectiva desde mi presente, Dios me confirma que no solo estuvo ahí, sino que trabajó y trabaja conmigo, y que ahora es tiempo de que yo trabaje por otras personas. Él siempre tuvo un motivo para dejarme pasar por el valle de sombra de muerte.

Pero no estoy diciendo que *todo* lo que nos sucede son pruebas para hacernos crecer, también existen disciplinas y consecuencias de nuestros propios pecados. Aquello que es producto de nuestras propias decisiones; sin embargo, la pregunta es, ¿qué hago si estoy pasando por una crisis?

Si estás pasando por una crisis, ora; pide a Dios que te muestre cuál es la razón por la que estás pasando por esta situación. Dile que te haga ver tus errores o las cosas en las que lo has ofendido para que tú puedas, con su ayuda, corregirlas.

Ten confianza en que Él te mostrará lo que debes o no de hacer, y que irá confirmando su Palabra en tu vida; claro, siempre y cuando estés en sus caminos.

Dios es un Dios de amor, ciertamente lo es, pero también es un Dios de *justicia*. Te ama tanto, que preferirá que *sufras con una disciplina antes que te pierdas*.

> <u>Hebreos 12:6-11</u> «Porque el Señor al que ama, disciplina, Y azota a todo el que recibe por hijo. Si soportáis la disciplina, Dios os trata como a hijos; porque ¿qué hijo es aquel a quien el padre no disciplina? Pero si se os deja sin disciplina, de la cual todos han sido participantes, entonces sois bastardos, y no hijos. Por otra parte, tuvimos a nuestros padres terrenales que nos disciplinaban, y los venerábamos. ¿Por qué no obedeceremos mucho mejor al Padre de los espíritus, y viviremos?
>
> Y aquellos, ciertamente por pocos días nos disciplinaban como a ellos les parecía, pero éste para lo que nos es provechoso, para que participemos de su santidad.
>
> Es verdad que ninguna disciplina al presente parece ser causa de gozo, sino de tristeza; pero después da fruto apacible de justicia a los que en ella han sido ejercitados».
>
> <u>Salmo 38:1</u> «Jehová, no me reprendas en tu furor, Ni me castigues en tu ira».

Señor: *Enséñanos a discernir entre una consecuencia de nuestros actos, una disciplina tuya y una prueba para aumentar nuestra fe, a fin de poder reconocer nuestras debilidades y fortalecernos en Ti, ya que, cuando somos débiles Tú nos haces fuertes. Pido en el nombre de Cristo Jesús tu hijo amado, amén.*

Hazlo personal

El murmullo de Dios para mí...

_____
_____
_____
_____
_____
_____

Nutrición celular

Existe una teoría a la que se le ha llamado «nutrición celular». Esta teoría dice que, si las células de tu cuerpo están bien nutridas, será difícil que las enfermedades y los virus te afecten, de manera que permanecerás sano por más tiempo.

El cuerpo es templo del Espíritu Santo y tenemos la responsabilidad de mantenerlo sano; asimismo, para predicar la Palabra de Dios es necesario un gran esfuerzo físico (aunque en apariencia no sea así); es por ello muy importante que nos preocupemos por mantenernos físicamente sanos.

Sin embargo, existe una salud todavía mucho más importante: la salud espiritual. Y es allí donde esta teoría tiene una buena aplicación. Para que nosotros podamos compartir a las personas de lo que Cristo hizo por nosotros y el plan de salvación; y para reflejar al Señor Jesús en nuestra vida diaria, es indispensable una buena nutrición espiritual. Cuando lo hacemos así, seremos como una célula nutrida que hace que el cuerpo espiritual de Cristo Jesús —la *iglesia*— funcione bien y sea poderoso. Cada célula, es decir, cada individuo, debe de nutrir su propia alma para que pueda contribuir adecuadamente al cuerpo.

¿Cómo se nutre el alma? A través de la Palabra de Dios, de la oración constante y —aunque suene contrario al tema—, mediante el ayuno.

Si como individuos tenemos una relación fuerte con Dios, Él nos respaldará en cualquier misión que emprendamos conforme a su voluntad. Y la unión de las células sanas formarán un cuerpo sano: un cuerpo en donde Cristo da las órdenes, pues Él es la cabeza.

> 1 Corintios 12:27 «Vosotros, pues, sois el cuerpo de Cristo, y miembros en particular».

Señor: *Que todo lo que hagamos en esta vida, ya sea de palabra o de hecho, sea siempre para honrarte. Que podamos buscar primeramente en ti las respuestas a nuestras necesidades, pero, sobre todo, que estemos siempre sedientos del agua viva, la cual es tu Hijo. Para así poder ser un reflejo de tu amor, un amor que atraiga a otros a tu presencia. En el nombre de tu Hijo amado, amén.*

Hazlo personal

El murmullo de Dios para mí...

_____

_____

_____

_____

_____

El valor que tengo ante Dios

En este mundo todos tenemos un valor. Hay quienes basan su valor en las cosas materiales que tienen, en los hijos, en sus logros; sin embargo, el valor absoluto que cada persona tiene lo establece Dios. Para Él nada de lo que tenemos o hemos hecho tiene tanto valor como lo que hay en nuestro corazón.

Nosotros tenemos una manera de vernos a nosotros mismos y cada persona puede tener una opinión particular respecto a cada uno de nosotros. A veces nos gustaría que los demás nos vieran como nosotros queremos, pero el único que realmente puede ver nuestras intenciones y nuestro corazón es Dios. Ante Dios somos de gran valor, tanto, que fuimos comprados por la sangre preciosa de su Hijo. Y siendo comprados, ahora somos suyos.

Sucede que, por cubrir las expectativas de otros, podemos estar descuidando las de Dios. Cuando Dios tiene el primer lugar en nuestro corazón nosotros buscaremos cumplir con las expectativas de Él, y lo que los demás piensen de nosotros pasará a segundo término.

Jesucristo puede limpiar y sanar cualquier herida de manera que podamos darnos a nosotros mismos el valor que realmente tenemos, pues el precio que Cristo pagó por nosotros nos da un valor absoluto.

No debemos limitarnos a vernos como nos ven los demás. Habrá ocasiones en las que nos sintamos parte del grupo de los rechazados, pero si somos rechazados por causa de Cristo, esto solo tendrá el propósito de aumentar nuestra fe.

¡Él quiere llenarnos de su Espíritu!

Cristo busca adoradores en espíritu y en verdad, y nuestro valor —en justa medida— viene de Jesucristo mismo. Fuimos creados con el propósito de adorar el nombre de Dios, pero primero debemos de creer en Él y vivir una vida conforme a su propósito. Al llenarnos de su Espíritu comenzamos a pensar en el valor que Jesucristo tiene para Dios, y de nuestro propio valor en esa medida. Así, podemos adorarlo en espíritu y en verdad. Sólo Él es el único que merece toda la gloria y la honra.

<u>Efesios 1:12a</u> «A fin de que seamos para alabanza de su gloria».

<u>1 Corintios 6:20</u> «Porque habéis sido comprados por precio; glorificad, pues, a Dios en vuestro cuerpo y en vuestro espíritu, los cuales son de Dios».

Señor: *Permite que podamos vernos de la manera en que Tú nos ves, con ese valor que sólo viene de ti. Que tu perspectiva de nuestras vidas sea más importante para nosotros que cualquier otra, y que podamos discernir tu propósito divino. En el nombre de tu Hijo Cristo Jesús, amén.*

Hazlo personal

El murmullo de Dios para mí...

La palmera enclenque

En una ocasión, al mudarnos de casa, mi esposo compró una palmera. Cuando yo la vi por primera vez pensé: *¡Qué palmera tan flaca y pequeña!* En verdad dudé que fuera a crecer, inclusive dudé que fuera a sobrevivir; sin embargo, mi esposo se encargó de ella, la regó pacientemente y nunca perdió la confianza en que se convertiría en algo más grande.

Cuando escribo estas líneas han pasado ya varios años desde que vi a esa pequeña palmera por primera vez; y esa palmera flaca y diminuta se ha convertido en una palmera grande y fuerte. Una que es capaz de soportar tormentas y fuertes vientos sin que le pase nada.

Nosotros somos así al venir ante Dios por primera vez. Somos como esa palmera pequeña y flaca que puede ser derribada por las tormentas. Pero Él, en su misericordia, nos nutre, nos cuida y no pierde la confianza en nosotros (aun cuando no la merezcamos). Dios se asegura de que nos volvamos tan fuertes, que las tormentas no nos derriben.

Dios nos habla directamente a través de su Palabra; también, nos manda personas a darnos su consejo divino y mueve a quienes oren por nosotros. Nuestro Dios siempre nos manda provisión espiritual en los momentos difíciles.

Lo impactante de todo esto es que nosotros, al igual que la palmera, no hicimos nada para merecer todos esos cuidados. Todo ha sido tan sólo porque hemos caído en manos de Alguien, que con amor y paciencia, nos ayuda a crecer. Todo ha sido por su gracia, por su amor y su misericordia.

> 1 Corintios 2:9 «Antes bien, como está escrito: Cosas que ojo no vio, ni oído oyó, Ni han subido en corazón de hombre, Son las que Dios ha preparado para los que le aman».

> Romanos 8:28 «Y sabemos que a los que aman a Dios, todas las cosas les ayudan a bien, esto es, a los que conforme a su propósito son llamados».

Señor: *En este día te agradezco el cuidado que has tenido de mí, aun cuando no lo merezco. Te doy gracias por cada vez que me has alimentado, que me has sostenido y que me has guiado para hacerme crecer conforme a tu voluntad. Te pido que me sigas guiando a través de tus caminos y que tu Palabra no se aparte de mi boca nunca. En el nombre de Cristo Jesús, amén.*

Hazlo personal

El murmullo de Dios para mí...

_____

_____

_____

_____

_____

Y tú, ¿qué esperabas?

Mi hijo Isaac es un niño muy especial, y como a todos los demás niños, le encanta explorar el mundo. Es confiado y tiene un carisma muy especial, así que fácilmente hace amigos, tanto adultos como niños.

Pero esa misma confianza y determinación lo lleva a alejarse de nosotros, sus padres. Tanto es su sentido de independencia, que una vez nos dijo que cualquier patada suya puede destruir aún al más malo del mundo, pues Dios lo hace fuerte.

Un día Isaac quería que su papá lo llevara al colegio; así que, se quedó en el recibidor de la casa esperando a que él bajara. Yo por mi parte, estaba ocupada con mis tareas domésticas. Luego, cuando finalmente pasé al recibidor, vi la puerta exterior abierta y no lo vi (pues sabía que él debería estar allí esperando a su papá), realmente me asusté.

Entonces empecé a gritarle con fuerza desde adentro de la casa, y a buscarle por todos lados. De pronto, una vecina a la que conocemos poco, me grita desde el parque: «Aquí está conmigo». Yo, que estaba ya en la planta alta, bajé corriendo las escaleras, y yendo a donde ellos estaban, le traje de inmediato de vuelta a casa. Fue tanta mi frustración en ese momento, que ni siquiera dije gracias a la vecina que me había ayudado.

Cuando pasaron los minutos y me controlé, tomé a Isaac y me dirigí con él al colegio. Mientras caminábamos por el parque, en medio de mí había un montón de sentimientos encontrados. Pero luego de unos instantes, me vino un pensamiento: *Tu siempre oras que ángeles acampen alrededor de tus hijos ¿qué esperabas? ¿que un ángel con alas se apareciera? Por eso la vecina estaba ahí en ese momento.*

A veces se nos olvida que Dios está atento a nuestras oraciones. Pensamos que podemos llegar a agobiarlo con tantas cosas (sobre todo siendo mujeres, que solemos hablar mucho); sin embargo, Dios no se cansa de escucharnos, su oído está cercano a todo aquel que lo busca de corazón.

> Salmo 145:18-19 «Cercano está Jehová a todos los que le invocan, A todos los que le invocan de veras. Cumplirá el deseo de los que le temen, Oirá asimismo el clamor de ellos y los salvará».

Señor: *Gracias, gracias por recordarnos que nuestras oraciones están dirigidas a Aquel que todo lo puede, que todo lo ve y que todo lo escucha. Tú eres un Padre amoroso que está siempre al cuidado de sus hijos. Oro en el nombre de Cristo Jesús, amén.*

Hazlo personal

El murmullo de Dios para mí...

_____

_____

_____

_____

_____

La primera clase de manejo

Durante la primera clase de manejo de mi hija, mientras la veía siguiendo las instrucciones de su papá, algo vino a mi mente: *Así es el camino de la salvación.*

Nuestro Padre nos da instrucciones mediante su Palabra, de manera que en ocasiones nos hace acelerar y avanzar en la carretera de la fe. Otras veces nos hace frenar; otras, nos hace detenernos (a la expectativa de lo que Él hará). Nos hace escuchar las correcciones y nos redirecciona. Todo lo que nuestro Dios hace tiene una finalidad: que siguiendo sus instrucciones lleguemos al lugar señalado, a la meta marcada por Dios.

Esto de la salvación es simple y complicado al mismo tiempo, pero lo que atrajo mi atención fue la actitud de mi hija: nunca preguntó cómo funciona el motor, ni su papá se lo explicó, simplemente se subió, siguió instrucciones y manejó.

Y es curioso porque así debemos de ser nosotros, no necesitamos saber cómo funciona la salvación, tal vez algún día lo sabremos (cuando Dios en su misericordia, nos llame a su presencia), pero debemos tomarla, con la guía de nuestro Padre Celestial a través del Santo Espíritu.

Dios nos manda simplemente a proseguir a la meta. Que subamos a todos cuantos Él nos permita y ponga en nuestro camino para que nos acompañen en esta aventura de seguir a Cristo. Debemos empezar con los más cercanos.

Podemos perder mucho tiempo en investigar cómo funciona la salvación y es tentador entrar en discusiones vanas al respecto. Pero la salvación es como un vehículo que tú subes por la fe y lo único que tienes que hacer para llegar a tu destino es seguir las instrucciones del Espíritu Santo encontradas en la Biblia y compartir con otros tu hallazgo. El camino es fácil si decides escuchar y seguir las instrucciones que Dios nos dejó en su Palabra.

Filipenses 3:14 «Prosigo a la meta, al premio del supremo llamamiento de Dios en Cristo Jesús».

Filipenses 2:16 «Asidos a la palabra de vida, para que en el día de Cristo yo pueda gloriarme de que no he corrido en vano, ni en vano he trabajado».

Señor: *Te doy gracias por la salvación tan grande que me has dado, que independientemente de cómo funciona, yo la he recibido por fe. Por favor, dame la dicha de compartir el gozo de tu redención con los que no te conocen. En el nombre de Cristo Jesús, amén.*

Hazlo personal

El murmullo de Dios para mí...

_____

_____

_____

_____

_____

Pum, pum, pum

Después de las vacaciones, mi pequeño de tres años no quería ir a la escuela. No era porque hubiera algo malo ahí, pero lloraba como si fuera a enfrentarse con algo terrible.

Después de llorar como cuarenta minutos sin explicarme la razón por la que no quería ir, tuve que ponerme firme, le dije que de cualquier modo él iría a la escuela. Teníamos un par de minutos como holgura para salir, así es que decidí dejarlo solo por un momento.

Luego, mientras regresaba a donde lo había dejado oré: «Por favor Dios, dame sabiduría para arreglar esta situación, me está sobrepasando». Me acerqué a donde estaba mi hijo, y con tranquilidad me dijo: «Mamá, es que no vas a estar conmigo en la escuela».

Terminé de ponerle el uniforme, lo senté en mis piernas y le dije: «¿Sabes? Hay alguien que te ama más que yo ¿sabes quién es?». Después de que me mencionara una interminable lista de nombres, lo interrumpí y le dije: «No, el que te ama más que yo, más que tu papá o tus hermanas, es Dios. Ahora pon tu mano sobre tu pecho, ¿sientes como tu corazón hace *pum, pum, pum*? Pues ahí vive Dios, y mientras tu corazón haga *pum, pum, pum* Él estará ahí. Así que, aunque yo no esté contigo en la escuela, Dios lo estará y siempre que te sientas solo, pon tu mano en tu corazón para que sientas como hace y recuerdes que Dios está contigo y nunca estás solo».

Cuando le dije esto la perspectiva de mi hijo cambió y estoy segura de que la mía también. A veces, cuando Dios nos da la sabiduría para explicarle a un niño sobre su gran amor, los que aprendemos somos nosotros los adultos.

Mateo 28:20b «Y he aquí yo estoy con vosotros todos los días, hasta el fin del mundo. Amén».

Santiago 1:5-6 «Y si alguno de vosotros tiene falta de sabiduría, pídala a Dios, el cual da a todos abundantemente y sin reproche, y le será dada. Pero pida con fe, no dudando nada; porque el que duda es semejante a la onda del mar, que es arrastrada por el viento y echada de una parte a otra».

Señor: *Gracias, porque al necesitar sabiduría para guiar a nuestros hijos, tú eres quien la provee; y no solo eso, nos recuerdas que hay que ser como niños para entrar en tu reino. Gracias porque tú nunca nos dejas, gracias por tu amor y cuidado, ya que, al igual que un padre amoroso, nos guías por tus caminos. En el nombre de Cristo Jesús, amén.*

Hazlo personal

El murmullo de Dios para mí...

_____

_____

_____

_____

_____

El estanque escurridizo

Cuando empezamos a cultivar algunos árboles frutales en la quinta de la familia, nos gustó la idea de colocar ahí un estanque con peces y tortugas.

Durante algunos días estuvimos trabajando en el diseño del estanque, pues queríamos que tuviera una vista hermosa. Probamos varias alternativas: que si la colocación de las piedras de una manera u otra, que si los colores o el tamaño o la forma de ellas; vimos las figuras que formaban ya juntas etc. El resultado final fue una gran obra, era un estanque realmente hermoso.

¡Estábamos emocionados! El estanque había quedado muy bello. Y claro, por debajo de éste estaba la tubería para el suministro de agua. Pues bien, abrimos la válvula, el estanque se llenó y prendimos la fuente. ¡Nos deleitaba ver su hermosura!

De pronto notamos que el estanque se empezó a vaciar hasta que no quedó agua en él. Entonces pensamos que la razón era que no tenía impermeabilizante, así es que se lo pusimos, y unos días después, lo volvimos a intentar. Llenamos de nuevo el estanque, y ante nuestro asombro, se volvió a vaciar. Así, continuamos buscando soluciones para evitar que el agua no se fugara, y mientras tanto, las tortugas y los peces seguían sin tener en él un lugar para vivir.

Así como el estanque, Dios nos creó hermosos, somos la obra maestra de Dios; pero Él tiene un propósito para cada uno de nosotros mientras estamos en esta tierra. Debemos, por tanto, pedirle en oración que Él nos guie para encontrar ese propósito, pues de otra manera seremos como ese estanque: muy bellos, pero sin ser útiles.

Salmo 138:8 «Jehová cumplirá su propósito en mí; Tu misericordia, oh Jehová, es para siempre; No desampares la obra de tus manos».

Señor: *Que el propósito para el que fui creada sea claro en mi vida, y así pueda vivir conforme a tus planes y no conforme a los míos. Quiero honrarte en cada paso de mi vida y que la gloria siempre sea para ti. En el nombre de Cristo Jesús, Amén.*

Hazlo personal

El murmullo de Dios para mí...

_____

_____

_____

_____

_____

Sansón

Cuando enseñamos a los niños la historia de Sansón, nos enfocamos en hablar de su fuerza, y en cómo Dalila le cortó el cabello para que la perdiera. Sin embargo, hay mucho más que aprender de esta historia.

Para empezar Sansón era un nazareo, un hombre que debía dedicar su vida a Dios. No porque él mismo lo hubiera decidido así, sino porque un ángel se lo anunció a sus padres desde antes de que fuera concebido.

Dejarse crecer el cabello no era el único punto de su nazareato, él debía abstenerse de vino y de tocar animales muertos. Sin embargo, tristemente, él violó estos tres puntos del voto.

El punto importante aquí es que antes de que Cristo viniera, el voto nazareo era una de las maneras de agradar a Dios, y quien lo hacía, debía cumplir su voto para ser «bien visto» por Él.

Pero Dios, viendo nuestra imposibilidad de ser fieles en nuestras fuerzas, nos envió a su amado Hijo para morir por nosotros; de tal manera que es sólo a través de Cristo que tenemos entrada al cielo, y sólo a través de su sangre es que somos vistos como justos ante sus ojos.

Esto no es algo que se compre, que se gane o se pueda conseguir en algún lugar, esto es un regalo. Lo único que debemos hacer es estar conscientes de que es invaluable y que no hay manera de que lo podamos pagar. Es un regalo inmerecido que no tenemos la capacidad de comprender en toda su dimensión, y no podemos pagarlo, ya que siendo Dios el dueño de todo lo que existe, ¿qué podríamos ofrecerle nosotros?

Nos resta reconocer que Cristo es el Hijo de Dios, que vino a este mundo a morir por nosotros, y que no hay nada más que podamos hacer que reconocer nuestra incapacidad para agradar a Dios por nosotros mismos, pues es únicamente mediante su Espíritu que podemos vivir una vida que le agrade.

En conclusión, todo es por Él: fuimos creados por Él, fue Él quien nos redimió, somos guiados por Él y nuestro fin es la gloria y honra de su Nombre.

Podemos fallar al cumplir nuestras promesas, pero Dios jamás dejará de cumplirlas.

> Jueces 13:12-14 «Entonces Manoa dijo: Cuando tus palabras se cumplan, ¿cómo debe ser la manera de vivir del niño, y qué debemos hacer con él? Y el ángel de Jehová respondió a Manoa: La mujer se guardará de todas las cosas que yo le dije. No tomará nada que proceda de la vid; no beberá vino ni sidra, y no comerá cosa inmunda; guardará todo lo que le mandé».

> Colosenses 1:16 «Porque en él fueron creadas todas las cosas, las que hay en los cielos y las que hay en la tierra, visibles e invisibles; sean tronos, sean dominios, sean principados, sean potestades; todo fue creado por medio de él y para él».

Señor: *Perdona todas las ocasiones que andamos sin rumbo, lejos de tus caminos y sin obedecer a tu Palabra, perdona las veces que para mí han sido más importantes las cosas de este mundo que agradarte a ti. Pongo ahora en tus manos mis pensamientos, mis decisiones y mi camino. Oro en el nombre de Cristo Jesús, quien murió en una cruz por mí, amén.*

Hazlo personal

El murmullo de Dios para mí...

_____

_____

_____

_____

_____

Las generaciones antiguas

«Actualmente los hijos son muy diferentes a los de las generaciones pasadas», este es un dicho que he escuchado de varias abuelas de esta época. Y es cierto, generalmente en el pasado la obediencia de los hijos a los padres era sin condiciones, pero ¿qué sucede con la generación actual?

Se trata de un tiempo ya profetizado en la Biblia: Cristo nos advirtió que vendría el tiempo cuando los hijos se levantarían contra los padres y los padres contra los hijos; y ahora se puede observar por doquier, incluso podría presentarse en nuestros propios hogares. Y ante esto, alguien podría preguntarse, ¿por qué Dios permite semejante cosa?

Es cierto que Dios tiene el control sobre todo, y esta es una verdad absoluta; sin embargo, no nos exime de nuestra responsabilidad como padres de disciplinar a nuestros hijos. Entonces la pregunta más acertada sería: ¿estamos haciéndolo?

Dios dio a Moisés leyes específicas y entre ellas existe una en particular que trata de la disciplina de los hijos. Todo aquel hijo que no se corrigiera con la disciplina de los padres, tendría que ser llevado a los ancianos de Israel; ellos entonces lo sacaban al pueblo para ser apedreado hasta morir. Así, todo espíritu de rebeldía sería extirpado de Israel.

En el Nuevo Testamento tenemos la parábola del hijo pródigo. En ella se nos cuenta la historia de un hijo que pidió la herencia que le correspondía de su padre, y al obtenerla, se fue lejos. Allá gastó todo lo recibido y, luego de vivir en la miseria y experimentar el hambre, decidió regresar a la casa de su padre, quien le recibió con los brazos abiertos. Esto nos enseña que en ocasiones es necesario que los hijos pasen por muchas tribulaciones para que luego regresen a casa y a los caminos del Señor; ahí es donde el Padre les estará esperando.

Sin embargo, si deseamos que nuestros hijos no caminen por malos caminos, es necesario obedecer primero nosotros: disciplinar a nuestros hijos es un mandato de Dios, y si lo obedecemos, entonces todo espíritu de rebeldía será erradicado de ellos.

> Deuteronomio 21:18-21 «Si alguno tuviere un hijo contumaz y rebelde, que no obedece a la voz de su padre ni a la voz de su madre, y habiéndole castigado, no les obedeciere; entonces lo tomarán su padre y su madre, y lo sacarán ante los ancianos de la ciudad, a la puerta del lugar donde viva; y dirán a los ancianos de la ciudad: Este nuestro hijo es contumaz y rebelde, no obedece a nuestra voz; es glotón y borracho. Entonces todos los hombres de su ciudad lo apedrearán, y morirá; así quitarás el mal de en medio de ti, y todo Israel oirá, y temerá»

Señor: *Que nuestro corazón sea guiado por tu Santo Espíritu todos los días, para que así, mediante la sabiduría de lo alto, podamos guiar a nuestros hijos. Quita de nosotros todo temor para disciplinarlos y ayúdanos a tomar autoridad para guiarles y corregirles, pues esto es una responsabilidad que tú nos has dado, y de esto tendremos que dar cuentas. En el nombre de Jesucristo, nuestro máximo ejemplo de vida, amén.*

Hazlo personal

El murmullo de Dios para mí...

_____

_____

_____

_____

_____

_____

Los cinco sentidos

Tengo un material didáctico que me encanta usar con los niños. Éste se basa en el principio de que cada uno de nosotros aprendemos de distintas maneras, que todos desarrollamos más un sentido que otro. Así, hay niños que aprenden actuando, otros escuchando, otros palpando y aun otros necesitan usar el sentido del gusto. Este material didáctico es maravilloso y mi iglesia ha descubierto su efectividad. Hemos aplicado este mismo principio al aprendizaje de la Palabra de Dios, y nuestros niños se divierten aprendiendo, siempre quieren regresar y aprender más de la Palabra.

Lo maravilloso de todo esto es que este método, por novedoso que parezca, no es realmente nuevo, pues Dios lo ha usado desde la creación del mundo para mostrarnos su amor y su misericordia. Todos los días vemos el sol, el cielo y el firmamento, no lo podemos tocar, pero contemplar estas cosas nos habla del amor de Dios. Escuchamos el cantar de los pájaros, la música que alaba al Señor, la voz de nuestros hijos e incluso la misma Palabra de Dios que es percibida por nuestros oídos.

También, sentimos la brisa —el suave tocar del viento—, una caricia de nuestros hijos o el abrazo de un ser querido justo cuando lo necesitamos: es Dios mediante ellos, que nos recuerda que está cerca de nosotros y presto a satisfacer nuestras necesidades. Percibimos el alegre olor de una flor y ella nos recuerdan el afecto paternal y el cuidado de Dios, también el aroma de una rica comida, la que hemos preparado con amor... ¿y qué podríamos decir del olor de un bebé recién nacido?

Dios tiene siempre una maravillosa manera de comunicarse con nosotros, tan sólo es necesario que estemos atentos para recibir y apreciar lo que Él nos está diciendo.

> Isaías 43:1 «Ahora, así dice Jehová, Creador tuyo, oh Jacob, y Formador tuyo, oh Israel: No temas, porque yo te redimí; te puse nombre, mío eres tú».

> Salmos 19:1-6 «Los cielos cuentan la gloria de Dios, Y el firmamento anuncia la obra de sus manos. Un día emite palabra a otro día, Y una noche a otra noche declara sabiduría. No hay lenguaje, ni palabras, ni es oída su voz. Por toda la tierra salió su voz, Y hasta el extremo del mundo sus palabras, En ellos puso tabernáculo para el sol; Y éste, como esposo que sale de su tálamo, Se alegra cual gigante para correr el camino. De un extremo de los cielos es su salida, Y su curso hasta el término de ellos; Y nada hay que se esconda de su calor».

Señor: *Gracias porque en cada momento te aseguras de recordarnos lo que valemos para ti. En cada uno de nuestros sentidos tú nos muestras que nos amas y nos haces percibir todo lo que has hecho por nosotros. Ayúdanos a tener un corazón siempre agradecido, y que apreciemos la bendición que derramas sobre nuestras vidas. Te pido esto en el nombre de Jesús, amén.*

Hazlo personal

El murmullo de Dios para mí...

_____

_____

_____

_____

_____

Faro en el verano

Hace algunos años una amiga me presentó un reto: hacer un faro que midiera tres metros de alto. Sería un faro que estaría dentro de la propiedad de la iglesia a la que asistimos y serviría para el campamento de verano. Los niños lo verían y éste serviría para enseñarles principios espirituales.

Acepté el reto, así es que, durante dos o tres semanas (no recuerdo exactamente) iba a la iglesia, y sin tener idea de lo que realmente estaba haciendo —y a base de prueba y error—, finalmente fue posible construir el faro. ¡Lo hicimos! Recuerdo que el peso de los materiales hizo que se ladeara un poco y la base quedó con arrugas, pero logramos disfrazarlas de grietas, así es que nadie las notó.

Hoy, al meditar sobre este episodio en mi vida, puedo darme cuenta de lo que Dios ha estado haciendo en mí. Así como yo estuve haciendo algo que no lograba entender, pero que luego se convirtió en un faro, así Dios hace cosas en mí que de momento no logro entender, pero ¡Él está convirtiéndome en un faro!

Tenemos de Dios la responsabilidad de ser un faro para el mundo. Es necesario que el mundo vea nuestra luz, la luz de Cristo que está dentro de nosotros. Ellos necesitan ser atraídos por esa extraordinaria e indescriptible luz que es Cristo Jesús, Señor nuestro.

Ahora que ha pasado algún tiempo comprendo que Dios quiso que yo hiciera un faro físico mientras Él —para bendición mía, y no porque lo merezca—, me convertía en un faro espiritual; no perfecto, con arrugas y grietas, pero con su luz dentro de mí.

La más grande bendición de haber construido ese faro fue disfrutar de la gran aventura de enseñar a los niños lo que Dios es, y presentárselos como un Dios que da vida y gozo a sus corazones; como el Padre amoroso a quien podemos acudir en medio de cualquier necesidad con la confianza de que Él siempre estará ahí.

> Mateo 5:16 «Así alumbre vuestra luz delante de los hombres, para que vean vuestras buenas obras, y glorifiquen a vuestro Padre que está en los cielos».

> Efesios 2:10 «Porque somos hechura suya, creados en Cristo Jesús para buenas obras, las cuales Dios preparó de antemano para que anduviésemos en ellas».

Señor: *Gracias porque tuviste a bien fijarte en mí y regalarme la salvación a través de tu Hijo; y no sólo eso, sino que tengo también el privilegio de ser guiada por tu Espíritu Santo. Te ruego que la luz que me has dado pueda ser vista por otros, y como un faro, los atraiga a ti. En el nombre de Cristo Jesús, amén.*

Hazlo personal

El murmullo de Dios para mí...

La verdad absoluta de Dios

Dicen que las cosas de esta vida dependen del cristal con que las miras; y esto, aunque puede aplicarse a ciertas circunstancias, no corresponde cuando se trata de la verdad.

La verdad es sólo una. Puede manipularse al decir solo parte de ella o crearse una versión parecida, pero cuando se hace eso, esa verdad se convierte en mentira; pues la verdad, cuando pierde su pureza, deja de ser verdad.

En el libro de los Hechos encontramos el caso peculiar de un matrimonio que vendió una propiedad para dar el dinero a la iglesia. Ellos hicieron eso porque quisieron, nadie los estaba obligando; sin embargo, lo curioso del asunto es que ellos se pusieron de acuerdo para decir la verdad a medias. Fue así que el hombre llevó el dinero y dijo que eso era todo lo que habían recibido por la propiedad. Su mentira le costó la vida, pues dice la Biblia que expiró en el acto. Y luego su esposa, al ser interrogada respecto a lo mismo, dijo la misma mentira, por lo que también a ella Dios le quitó la vida.

Esto nos da una tremenda enseñanza: podemos engañar a otros, incluso podemos engañarnos a nosotros mismos, pero Dios ve los corazones y las intenciones de todos. Dios es quien sabe toda la verdad, y es a esa verdad absoluta a la que debemos estar siempre apegados, pues Él no puede ser burlado.

> Gálatas 6:7 «No os engañéis; Dios no puede ser burlado: pues todo lo que el hombre sembrare, eso también segará».

> Salmo 139:23-24 «Examíname, oh Dios, y conoce mi corazón; Pruébame y conoce mis pensamientos; Y ve si hay en mí camino de perversidad, Y guíame en el camino eterno».

Señor: *Desde lo más profundo de mi corazón te pido perdón por cada mentira que he dicho, aún cuando haya hecho creer a mis oyentes que lo dije por ignorancia. Perdóname por cada verdad manipulada o a medias que dije para lograr un beneficio; sopesa mi corazón y muéstrame mis verdaderas intenciones, y ayúdame a ser integro(a). Quiero que mis pensamientos y mis acciones siempre sean guiados por tu Santo Espíritu. Te pido esto el nombre de Cristo Jesús, Amén.*

Hazlo personal

El murmullo de Dios para mí...

_____

_____

_____

_____

_____

_____

Popeye el marino

Existe una famosa caricatura llamada Popeye *el marino*. En la caricatura, Popeye es un personaje flaco y debilucho (aunque simpático), mientras que su archienemigo (Brutus) es un personaje alto y de grandes músculos, pero muy amargado. Siempre está deseando lo que Popeye tiene, y sobre todo, a su novia, Oliva. Pues bien, ahora viene lo importante, cuando Popeye tiene que luchar con Brutus sabe que si pelea con sus fuerzas no podrá competir con el musculoso de Brutus, por eso, en ese momento echa mano de una lata de espinacas, y cuando la come, adquiere una fuerza fenomenal que le da la victoria sobre su enemigo.

Y tú te estarás preguntando, ¿qué tiene que ver eso con nosotros? Así como a Popeye las espinacas le dan la fuerza para vencer, así nosotros tenemos nuestras *espinacas*.

La Palabra de Dios siempre nos hará más fuertes; leerla constantemente aumentará nuestra fe para continuar en la lucha. El enemigo querrá pelear con nosotros para robarnos el gozo, la paz, la fe misma, incluso; pero, si permanecemos constantes en la oración y en la lectura de la Palabra tendremos la fuerza necesaria para enfrentar las luchas, las cuales no son contra carne y sangre.

Te confieso que amo el tiempo que cada día paso con Dios, y su Palabra me ayuda a conocerlo más, por eso es que la leo con atención. Amo las interminables pláticas que tengo con Él, con o sin taza de café.

Sé que su Palabra me mantiene fuerte, pues Dios suple todo lo que me falta y lo llena todo.

> 1 Samuel 17:45 «Entonces dijo David al filisteo: Tú vienes a mí con espada y lanza y jabalina; mas yo vengo a ti en el nombre de Jehová de los ejércitos, el Dios de los escuadrones de Israel, a quien tú has provocado».

> Juan 15:5 «Yo soy la vid, vosotros los pámpanos; el que permanece en mí, y yo en él, éste lleva mucho fruto; porque separados de mí nada podéis hacer».

> Efesios 6:12 «Porque no tenemos lucha contra sangre y carne, sino contra principados, contra potestades, contra los gobernadores de las tinieblas de este siglo, contra huestes espirituales de maldad en las regiones celestes».

Señor: *Que cada día te busque más en oración, y que busque en tu Palabra la fuerza para pelear cada batalla que tenga en este mundo. Tú eres Jehová Nissi, el que pelea por mí, te amo y te agradezco que vayas como poderoso gigante delante de mí. Oro en el nombre de quien dio su vida por mí, Cristo Jesús, amén.*

Hazlo personal

El murmullo de Dios para mí...

_____

_____

_____

_____

_____

¡Él cuidará de mí!

Hay un himno que me encanta; se llama ¿Cómo podré estar triste? En una de sus partes dice: «Si Él cuida de las aves, cuidará también de mí». Lo fascinante de este himno, además de su verdad bíblica, es que me remonta a un día específico de mi niñez.

Estaba yo en el patio con mi abuela, y ambas escuchábamos cantar a las aves. De pronto ella me dice: «Mira, si Dios da de comer a estas aves, y tienen casa y nada les falta, con mayor razón Dios cuidará de ti también». Fue impresionante como mi abuela me presentó, de una manera muy sencilla, a un Dios que ama a sus hijos entrañablemente. Un Dios que en ese momento dejó de ser el que me habían presentado ya: un Ser un tanto distante, para ser Aquel que tiene cuidado de mí; mi abuela me presentó a un Dios personal.

Al pasar el tiempo olvidé lo que mi abuela me había dicho, hasta que escuché por primera vez ese himno. El Espíritu Santo trajo a mi memoria ese bello recuerdo y las palabras que mi abuela me había dicho. Me di cuenta de que Dios nunca me había dejado; así que, esa vez lloré al escuchar el canto, y desde aquella primera vez, no he dejado de llorar cada vez que lo escucho. Me encanta entonarlo, pues es para mí un recordatorio de que Dios, desde que estaba pequeña, me estuvo diciendo: «Yo estoy a tu lado, y nada te faltará».

No sé si mi abuela esté consciente de la profunda huella que han dejado en mí sus enseñanzas; pero lo que sí sé es que lo que me dijo con respecto a Dios y a sus cuidados, y lo que me decía durante las largas caminatas matutinas que hacía con ella cada vez que me quedaba en su casa, marcaron una diferencia en cuanto a la perspectiva que tengo de Dios y a mi relación con Él; pues gracias a lo que ella me compartió supe que puedo tener confianza al orar, sabiendo que Él me escucha y tiene cuidado de mí.

Ciertamente, mis abuelos fueron personas de fe quienes reflejaron a Cristo en su diario vivir, pero sin lugar a dudas Dios usó a mi abuela para hacerme entender su amor, provisión y misericordia; de manera que cada vez que escucho ese himno recuerdo sus palabras.

A veces somos usados por el Espíritu Santo sin darnos cuenta y marcamos vidas para la gloria de Dios, esta es la manera en que Dios se glorifica.

Mi abuela ha sido un gran ejemplo para mí. Es una mujer virtuosa, y fue la ayuda idónea de mi abuelo mientras él vivía; pero, sobre todo, admiro la fe que refleja y la manera en que puedo percibir que Cristo está en su corazón.

Agradezco a Dios por su vida, pero, sobre todo, por esa tarde en que a través de ella Dios me enseñó que ciertamente Él cuidará siempre de mí.

> **Lucas 12:27-31** «Considerad los lirios, cómo crecen; no trabajan, ni hilan; mas os digo, que ni aun Salomón con toda su gloria se vistió como uno de ellos. Y si así viste Dios la hierba que hoy está en el campo, y mañana es echada al horno, ¿cuánto más a vosotros, hombres de poca fe? Vosotros, pues, no os preocupéis por lo que habéis de comer, ni por lo que habéis de beber, ni estéis en ansiosa inquietud. Porque todas estas cosas buscan las gentes del mundo; pero vuestro Padre sabe que tenéis necesidad de estas cosas. Mas buscad el reino de Dios, y todas estas cosas os serán añadidas».

Mateo 6:26-29 «Mirad las aves del cielo, que no siembran, ni siegan, ni recogen en graneros; y vuestro Padre celestial las alimenta. ¿No valéis vosotros mucho más que ellas? ¿Y quién de vosotros podrá, por mucho que se afane, añadir a su estatura un codo? Y por el vestido, ¿por qué os afanáis? Considerad los lirios del campo, cómo crecen: no trabajan ni hilan; pero os digo, que ni aun Salomón con toda su gloria se vistió así como uno de ellos».

Señor: *Gracias; gracias por cada vez que has utilizado a alguien para recordarme de tu amor y protección. Gracias por ser un Padre amoroso que cuida de mí. Enséñame a ver más allá de mi humanidad y agradecerte cada cosa que doy por hecho en la vida. En el nombre de Cristo Jesús, amén.*

Hazlo personal

El murmullo de Dios para mí...

El tío Eleazar

El tío Eleazar fue un gran hombre. En su vida tuvo muchas pruebas, algunas fuertes, otras no tan fuertes y otras tan intensas que, si no fuera porque estaba tomado de la mano de Dios y aferrado a sus promesas, no habría podido salir adelante.

Era un hombre físicamente fuerte, pero al final de su vida su fuerza física menguó hasta morir. Le gustaba entonar el canto que dice, *Tu fidelidad es grande,* y cuando ya no pudo cantarlo cerraba sus ojos, lo escuchaba, y con la poca fuerza que le quedaba levantaba su brazo para alabar a Dios. El tío Eleazar alabó a Dios hasta el último aliento de vida, y en medio del dolor físico que le producía la invasión del cáncer, siguió alabando a Dios y reconociéndolo como su Dios, Rey y Salvador.

Cristo fue quien le sostuvo en el tiempo de su enfermedad y ahora está con Él, junto con aquellos que han peleado la buena batalla y han terminado la carrera de la fe.

La Biblia dice que cuando estemos en el cielo serán repartidas coronas de acuerdo a lo que hayamos hecho en este mundo. Así, puedo imaginar que la corona del tío Eleazar ha de ser grande, hermosa, brillante, incluso hasta con piedras preciosas, porque él puso sus dones al servicio del Señor y fue fiel aún en el tiempo de dolor, aún en la adversidad, aun cuando su salud fue mermada.

Los que nos quedamos lo extrañamos. A mí me gustaba platicar con él, aprendía mucho, sobre todo cuando corregía mis interpretaciones bíblicas; lo hacía con firmeza, pero en amor.

Algún día lo volveremos a ver, cuando nosotros también terminemos la carrera. Mientras tanto, seguiremos el ejemplo de amor a Cristo que nos ha dejado.

Al final, la mayor felicidad del tío Eleazar fue saber que sus hijos andaban también por los caminos de Dios, como lo dijo Juan en su tercera carta: «*No tengo mayor gozo que este, el oír que mis hijos andan en la verdad*» (3 Juan 1:4).

> Job 2:10b «¿Qué? ¿Recibiremos de Dios el bien, y el mal no lo recibiremos? En todo esto no pecó Job con sus labios» (Job 2:10).

> 2 Timoteo 4:7-8 «He peleado la buena batalla, he acabado la carrera, he guardado la fe. Por lo demás, me está guardada la corona de justicia, la cual me dará el Señor, juez justo, en aquel día; y no sólo a mí, sino también a todos los que aman su venida».

Señor: *En este día te agradezco por la vida del tío Eleazar, por el tiempo que nos lo prestaste y por las lecciones que aprendimos a través de su vida. Te glorificamos sabiendo que todo lo bueno ha procedido de ti, y te pedimos por todos los misioneros que mandas por el mundo para expandir tu reino, cumpliendo así con tu mandato de predicar el evangelio a toda nación. Oro en el nombre de Cristo Jesús, amén.*

Hazlo personal

El murmullo de Dios para mí...

_____

_____

_____

_____

_____

Anorexia de Espíritu

La anorexia es una enfermedad psicológica que ataca a muchas personas. Éstas dejan de comer porque al verse al espejo piensan que están obesas (aunque no sea así). Por tanto, utilizan distintos métodos para comer tan poco como sea posible. Sin embargo, debido a no consumir los nutrientes que su cuerpo necesita, muchas de estas personas, si no son sanadas de esta enfermedad, llegan incluso a morir.

Increíblemente hay quienes la padecen sin darse cuenta y otros que simplemente no admiten tenerla; así, estas condiciones, dificultan su tratamiento.

En nuestra vida espiritual podríamos caer en algo similar a la anorexia. Podemos estar viviendo una vida llena de actividades religiosas, incluso podríamos ser líderes en nuestras iglesias, y luego vernos al espejo y juzgarnos como gente llena del Espíritu Santo. Incluso podemos ser juzgados por la gente como quienes tienen una relación fuerte con Dios; sin embargo, no leemos la Biblia, la traemos bajo el brazo los domingos y en las reuniones a las que vamos, pero no oramos sino los domingos, en la iglesia (y eso si acaso algunos instantes en medio de tanta actividad). En otras palabras, no nos estamos alimentando espiritualmente, y no mantenemos una relación cercana con nuestro Creador.

Algunos se han vuelto anoréxicos de espíritu. Podemos darnos o no cuenta de ello, y muy seguramente Dios, en su misericordia, nos mandará indicadores de lo que está pasando en nosotros. En los momentos en que Dios nos habla podemos abrir los ojos a la realidad o bien seguir viviendo así, hasta que, luego de una larga agonía, este tipo de anorexia seguramente nos llevará a la muerte espiritual.

Buscar a Dios en oración, leer su Palabra y ayunar nos evitará caer en la anorexia espiritual. Debemos mantenernos asidos a Dios para mantener nuestras vidas firmes en Cristo y nutridas por Él a través de su Santo Espíritu.

> Juan 6:32-35 «Y Jesús les dijo: De cierto, de cierto os digo: NO os dio Moisés el pan del cielo, mas mi Padre os da el verdadero pan del cielo. Porque el pan de Dios es aquel que descendió del cielo y da vida al mundo. Le dijeron: Señor, danos siempre este pan. Jesús les dijo: Yo soy el pan de vida; el que a mí viene, nunca tendrá hambre; y el que en mí cree, no tendrá sed jamás».
>
> Juan 15:4-5 «Permaneced en mí, y yo en vosotros. Como el pámpano no puede llevar fruto por sí mismo, si no permanece en la vid, así tampoco vosotros, si no permanecéis en mí. Yo soy la vid, vosotros los pámpanos; el que permanece en mí, y yo en él, éste lleva mucho fruto; porque separados de mí nada podéis hacer»

Señor: *Dame hambre de ti y de tu Palabra cada día. Quiero alimentarme de ti en cada respirar y en cada momento; quiero aprovechar la bendición maravillosa de vivir tomada de tu mano, sintiendo tu presencia en mi vida. Señor, llena cualquier vacío espiritual que exista en mí, lléname de tu Espíritu. Sé que tu Hijo ya pagó en la cruz para que yo sea llena del Santo Espíritu. Oro en el nombre del Jesús bendito que reina a tu diestra, amén.*

Hazlo personal

El murmullo de Dios para mí...

Atentos sus oídos

En ocasiones podemos observar a inconversos que hacen cosas incorrectas y de todos modos les va bien; luego tú, siendo cristiana, tratas de hacer algo malo y te va mal, incluso si apenas ibas intentando desviarte del camino recto. La diferencia es que tú eres una hija de Dios.

Todo hijo de Dios depende de Cristo, y necesita orar para apoyarse siempre en su Palabra. Por tanto, no dudes en dirigirte a tu Padre celestial y hacerlo con todo tu corazón. Él sabe lo que sientes; llora en su presencia y dile que te dé a conocer sus planes para contigo.

Dios no está lejos de nosotros; sus ojos nos observan y sus oídos nos oyen. El conoce cada situación que ocurre en tu vida y no permitirá que pases por algo que tú no puedas soportar. Sólo confía en Él.

Él te conoce, sabe lo que piensas, lo que sientes, hasta lo que murmuras. Él sabe que a veces sientes que ya no puedes más; sabe que quieres salir huyendo de situaciones que parecen no tener solución, pero Él te dice: «Yo estoy contigo». No dice que no tendrás problemas, pero *sí* que cuando los tengas, Él estará contigo. Él no te dejará de sus manos (Salmos 37:33).

Daniel confió en el Señor cuando estuvo en el foso de los leones; y tú dirás, «es difícil tener este tipo de fe». Y te diré que sí lo es; pero mucho más difícil es tratar de hacer las cosas en tus propias fuerzas dejando a Dios de lado.

<u>Salmos 34:55</u> «Los ojos de Jehová están sobre los justos, Y atentos sus oídos al clamor de ellos».

Señor: *Aumenta mi fe y fortalécela para que solo sea a ti a quien busque en la intimidad, en medio de las tribulaciones. Gracias porque puedo estar confiada de que siempre me escuchas; en el nombre de Cristo Jesús, amén.*

Hazlo personal

El murmullo de Dios para mí...

_____

_____

_____

_____

_____

La rueda de la fortuna

Hay una atracción en los parques de diversiones llamada *la rueda de la fortuna*. Algo interesante que puedo decir de esta atracción es que ejemplifica que en un mismo lugar pueden ocurrir muchos cambios. Mientras que la rueda permanece en el mismo sitio, cuando rota, todos los que están adentro experimentan distintos cambios de perspectiva.

En la vida cristiana puede ocurrir algo similar. En ocasiones nos encontramos arriba, nuestra fe está fuerte y nuestra confianza en Dios está en su máximo nivel. Pero en otras veces, nuestra fe va en descenso, lentamente vamos cayendo y parece que no lo podemos evitar; hasta que llega a un punto en que estamos a punto del desmayo. En esos momentos, Dios, con su mano de misericordia, nos empieza a levantar y vamos así subiendo poco a poco, vamos adoptando una vez mas la perspectiva de Dios. La perspectiva de Dios siempre será hermosa y perfecta, y en todas las cosas Dios tiene pasos de crecimiento en nuestro caminar con Él.

Cuando estamos en el punto más bajo, podríamos estar a punto de abandonarlo todo y dejar de vivir por fe. El enemigo seguramente te abrirá puertas para dejar esa vida, pero ¡no desistas! ¡no abandones esta maravillosa aventura llamada *vida de fe*! Porque a pesar de lo que podamos ver o sentir en algunos momentos, Dios sigue viendo todo desde arriba y su perspectiva es desde la eternidad.

> Salmos 40:17 «Aunque afligido yo y necesitado, Jehová pensará en mí. Mi ayuda y mi libertador eres tú; Dios mío no te tardes».

> Isaías 41:13 «Porque yo Jehová soy tu Dios, quien te sostiene de tu mano derecha, y te dice: No temas, yo te ayudo».

Señor: *Gracias porque estoy confiada en que tú guías mi vida, que aunque a veces no entiendo la razón por la que tengo que pasar por algo, yo puedo saber que tu perspectiva es la correcta. Sé que me llevarás de la mano hasta terminar la carrera de la fe; sé que llegaré a la casa eterna que me tienes prometida por medio de la sangre de tu Hijo, amén.*

Hazlo personal

El murmullo de Dios para mí...

_____

_____

_____

_____

_____

Patch Adams

La vida de Patch Adams es impresionante. Nacido el 28 de mayo de 1945, durante su juventud, a los 18 años, fue internado en un hospital psiquiátrico luego de que su tío se suicidara y él mismo tuviera también ideas suicidas.

En el hospital psiquiátrico tuvo como compañero de cuarto a un hombre llamado Rudy, quien sufría alucinaciones —entre otras cosas—, pero Adams, en lugar de ignorarlo, decidió pasarla bien y unirse «a la locura» de Rudy. Así que, de esta experiencia Adams aprendió a relacionarse con cualquier persona, pero no solo eso, ¡encontró el propósito de su vida!

Al salir del hospital psiquiátrico, se matriculó en la escuela de medicina, y aunque no cuadraba con el sistema, logró graduarse y ahora es conocido como el creador de la *riso-terapia*.

Este hombre está convencido de que la risa es una manera de ayudar a la gente a curar sus enfermedades, así que, se viste de payaso y así visita a sus pacientes. Luego, Patch construyó un hospital que no cobra a sus pacientes y éstos son tratados de maravilla, como personas que necesitan extrema atención.

A lo largo de los años cientos de personas procedentes de muchos países se han unido a la locura de Patch Adams y han creando una asociación la cual lleva alegría a los enfermos de todo el mundo.

El 2 de agosto del 2010 Patch impartió una conferencia en Lima, Perú llamada «Amor en la atención de la salud: al paciente con cariño». En ésta expresa su opinión diciendo: «Ninguna escuela educa a sus alumnos diciéndoles que el amor es lo más importante en la vida; y ninguna universidad enseña que la compasión es lo fundamental. Por eso trabajo por desarrollar un currículum médico que tenga entre sus prioridades la enseñanza de la compasión».

<u>2 Corintios 5:13</u> «Porque si estamos locos, es para Dios; y si somos cuerdos, es para vosotros».

<u>Jeremías 29:11</u> «Porque yo sé los pensamientos que tengo acerca de vosotros, dice Jehová, pensamientos de paz, y no de mal, para daros el fin que esperáis».

Señor: *Te pido que siempre busque más bien estar loca para ti en vez de ser tenida por cuerda para el mundo; que mi vida te glorifique y viva confiada en que esta locura me llevará al fin que tienes para mí. Oro en el nombre de Cristo Jesús, amén.*

Hazlo personal

El murmullo de Dios para mí...

_____

_____

_____

_____

_____

Reciclados

Una buena manera de contribuir con la ecología —tomando en cuenta lo contaminado en que se encuentra el planeta— es reciclando.

Sabemos que es reciclar: tomas algo que ya fue usado y le das una función nueva; de tal manera, que lo que se convertiría en basura se convierte en algo útil, y muchas veces hasta más hermoso de que lo que era antes.

De la misma manera Dios trabaja con los seres humanos. Nos toma cuando vivimos una vida vacía sin Él; trabaja con nosotros; nos transforma en una nueva criatura, y nos convierte en contenedores de su Santo Espíritu. Todo esto ocurre cuando decidimos entregar nuestras vidas a Dios recibiendo y reconociendo a su Hijo como el único sacrificio perfecto ante Él, porque Cristo es el único camino, la verdad y la vida.

De tal manera que Dios utiliza este cuerpo que nos dio al nacer y nos convierte en una nueva criatura; Él reutiliza nuestros cuerpos, por decirlo así.

Cuando nuestra vida en este mundo termina, este envase biodegradable es regresado a la tierra convirtiéndose en polvo. Pero lo más maravilloso aún es que llegará el día cuando Cristo venga por su novia, la Iglesia y entonces ese mismo polvo se convertirá en un cuerpo transformado, perfecto, un cuerpo que no se enferma ni muere.

Así que, seremos reciclados. Me encanta que Dios es tan sabio que aún en eso nos muestra la maravillosa perfección de su creación.

> 2 Corintios 5:17 «De modo que si alguno está en Cristo, nueva criatura es; las cosas viejas pasaron; he aquí todas son hechas nuevas».

> 1 Corintios 15:51-52 «He aquí, os digo un misterio: No todos dormiremos; pero todos seremos transformados, en un momento, en un abrir y cerrar de ojos, a la final trompeta; porque se tocará la trompeta, y los muertos serán resucitados incorruptibles, y nosotros seremos transformados».

Señor: *Tus obras son maravillosas y tu pensamiento es perfecto e impresionante. Tú eres majestuoso y sabio, a ti elevo mi alabanza y te agradezco que pienses en nosotros, los que te servimos. Te agradezco para haberme tomado y tornado en una nueva criatura. Por eso te glorifico, tengo en ti la esperanza de vida eterna, gracias Señor Jesús, amén.*

Hazlo personal

El murmullo de Dios para mí...

Conejos con colesterol

En cierto lugar de Estados Unidos hicieron experimentos con conejos para conocer de qué manera lo que comemos puede influir en nuestro cuerpo.

Dividieron a los conejos en dos grupos. A uno de ellos lo alimentaron con comidas altas en grasas saturadas y ricas en colesterol (grupo 1); y al otro con una dieta normal baja en grasas (grupo 2).

Luego de un tiempo de alimentar de esta manera a ambos grupos les hicieron exámenes a todos para conocer sus niveles de colesterol. ¡Los resultados fueron sorprendentes! No sólo el grupo 1 tenía niveles normales de colesterol, sino aún el grupo 2 (al que le dieron comida normal) tenía niveles *más* altos de colesterol que el otro grupo. ¿Por qué? Era para ellos —y para nosotros— una gran interrogante.

Descubrieron que no era lo que los conejos comían, sino *cómo* lo comían. Mientras que al grupo 2 (de comida normal) simplemente le aventaban la comida, al grupo 1 le daban de comer mientras les platicaban y hablaban bonito; inclusive los cargaban y acariciaban mientras los conejos comían. Esto hizo que este grupo, a pesar de su alimentación, metabolizara bien las grasas y desechara el colesterol; así, su salud era perfecta.

Dios, desde la creación, ha manifestado su amor para con nosotros. Él ha sido siempre fiel y misericordioso aun cuando la humanidad ha sido pecadora. Y a sus hijos, Dios nos tiene paciencia cuando cometemos algún pecado, nos trata como a hijos, y nos guía al arrepentimiento.

Cristo es el mayor ejemplo que existe de amor. Él no escatimó el ser igual a Dios como algo a que aferrarse y se entregó a sí mismo para que todo el que crea en Él sea salvo.

Qué maravilloso es ver que aún la creación nos recuerda que existe un Dios verdadero y poderoso que tiene cuidado de nosotros.

Romanos 5:8 «Mas Dios muestra su amor para con nosotros, en que siendo aún pecadores, Cristo murió por nosotros».

Filipenses 2:5-11 «Haya, pues, en vosotros este sentir que hubo también en Cristo Jesús, el cual, siendo en forma de Dios, no estimó el ser igual a Dios como cosa a que aferrarse, sino que se despojó a sí mismo, tomando forma de siervo, hecho semejante a los hombres; y estando en la condición de hombre, se humilló a sí mismo, haciéndose obediente hasta la muerte, y muerte de cruz.

»Por lo cual Dios también le exaltó hasta lo sumo, y le dio un nombre que es sobre todo nombre, para que en el nombre de Jesús se doble toda rodilla de los que están en los cielos, y en la tierra, y debajo de la tierra; y toda lengua confiese que Jesucristo es el Señor, para gloria de Dios Padre».

Señor: *Gracias por la manifestación de tu maravilloso amor en mi vida. Gracias porque tu Santo Espíritu me guía mediante tu Palabra a fin de seguir a tu Hijo Jesús. Gracias por tener paciencia conmigo en mis debilidades y por hacerme sentir tu amor y tu presencia. Te amo y me entrego a ti. Oro en el nombre de Cristo Jesús, amén.*

Hazlo personal

El murmullo de Dios para mí...

No dejes que la razón mate tu fe

Hay muchos pasajes en la Biblia que son maravillosos; sin embargo, el que habla de Pedro caminando sobre el agua me hace entender que no se necesita ser un erudito ni tener un talento excepcional para caminar sobre el agua como Jesús lo hizo, tan sólo basta creer de todo corazón y Él hará el resto.

Cuando los discípulos vieron a Jesús caminando sobre el agua lo primero que pensaron fue que era un fantasma. Luego, cuando reconocieron a Jesús, Pedro se distinguió del resto y con una fe extrema obedeció al llamado del Señor a salir de la barca, y al hacerlo ¡él empezó a caminar sobre el agua! Sin embargo, momentos después, tuvo miedo y se hundió.

En ocasiones a ti y a mí nos pasa lo mismo: Dios nos llama a hacer algo que es imposible; sin embargo, obedecemos, lo hacemos por fe, confiando en que Dios tiene el poder para hacer todo lo que está fuera de nuestro alcance. Entonces todo empieza a fluir y nos maravillamos de lo que Dios está haciendo a través nuestro.

No obstante, hay un momento en que quitamos los ojos de la meta, que es Cristo, empezamos a dudar y a hundirnos, tal y como le sucedió a Pedro. En ese momento tu razón empieza a luchar con tu fe y pueden suceder dos cosas: que redirijas tu mirada y te des cuenta que no es en tus fuerzas, sino en las de Cristo o que te asustes, te confundas, sientas que te hundes y finalmente abandones la misión.

Me ha sucedido a mí. En ocasiones pienso que es mucho lo que estoy haciendo, y que eso no es posible, entonces pierdo la mirada de Cristo. Pero luego reflexiono, entiendo que no soy yo, que yo no soy sino un instrumento en sus manos, yo soy el barro y Él es el alfarero. Por tanto, el mensaje que quiero transmitirte es este: no dejes que la razón mate tu fe.

<u>Hebreos 11:1</u> «Es, pues, la fe la certeza de lo que se espera, la convicción de lo que no se ve».

Señor: *Te pido que mi fe sea tan fuerte y ruidosa que haga más ruido de lo que grita mi razón. Ayúdame a entender que solo tú puedes hacer lo que está encima de mis fuerzas; así que, dejo todo en tus manos, en el nombre de Cristo Jesús, amén.*

Hazlo personal

El murmullo de Dios para mí...

_____

_____

_____

_____

_____

_____

Setenta veces siete

¿Cómo leerías este número?
7,777,777,777,777,777,777,777,777,777,777,777,777,777,777,777,777,777,777,777,777

Durante años pensé que cuando Cristo hablaba del perdón se refería a $70 \times 7 = 490$ veces, y me preguntaba qué tendría de especial ese número. Luego, alguien me explicó que se refería a que debías de perdonar siempre. Esto me ayudó a comprenderlo mejor, pero aún así no lograba comprenderlo bien.

Todo se resolvió en mi mente cuando, tiempo después, al asistir a una conferencia, los ponentes me lo explicaron de otra manera. Ellos dijeron que setenta veces siete se refiere a colocar los números en forma lineal y leerlos así.

¡Fue increíble como mi entendimiento se abrió! Si lo escribimos, nos damos cuenta que se trata de una cifra enorme. En términos prácticos, se trata de una cifra infinita y la palabra «siempre» se vuelve entonces la más apropiada.

No importa si la otra persona merece o no el perdón; si sabe o no que te lastimó; si está arrepentido o no lo está. En realidad, el perdón beneficia más a la persona ofendida que al ofensor, ya que la falta de perdón produce una raíz de amargura que termina adueñándose del corazón y destruyendo la vida del todo.

Cuando hablamos de esta cifra, no sólo hablamos de una teoría, pues Cristo mismo puso su enseñanza en la práctica perdonándonos siempre. De esta manera, al seguir el ejemplo del Señor, encontraremos una vida de gozo y libre de amargura. Cristo quiere que aprendamos a perdonar siempre, tal y como Él lo hizo.

Mateo 18:22 «Jesús le dijo: No te digo siete, sino hasta setenta veces siete».

Mateo 6:12 «Y perdónanos nuestras deudas, como nosotros perdonamos a nuestros deudores».

Señor: *Perdona mis ofensas, ayúdame a perdonar a los que me han hecho daño. Muéstrame si tengo que pedir perdón a alguien que haya lastimado sin darme cuenta o aún si lo hice deliberadamente. Dame un corazón agradecido con las bendiciones que me das para poder tener una vida libre de rencores, y así deje que tu gracia y amor fluyan en mí, en el nombre de Jesús, amén.*

Hazlo personal

El murmullo de Dios para mí...

_____

_____

_____

_____

_____

Alzaré mis ojos a los montes

Hagamos un ejercicio: intenta ver la cima de una montaña y al mismo tiempo leer un cartelón que está en un poste, o en un anuncio panorámico. ¿Qué es lo que sucede?

Cuando fijas tu mirada en la cima de la montaña lo que está abajo pierde importancia y pasa a un segundo plano; pero si bajas la vista y te concentras en el anuncio panorámico o en el cartón, podrás leerlo con facilidad, pero al mismo tiempo, perderás de vista la cima.

Cuando tenemos problemas, es común que nos concentremos en esos *cartelones mentales* que dicen: «No puedes hacerlo, es imposible», o «tu vida no vale nada», pero si desenfocamos nuestra vista de esas cosas y la ponemos en Cristo, esos cartelones se volverán ilegibles y dejarán de tener importancia. Es entonces que esos mensajes estarán en el lugar en donde deben estar: en un lugar secundario.

Cuando fijamos nuestros ojos en Cristo podemos estar seguros de que todo estará bien, pues Él tiene el poder para resolver nuestras tribulaciones y mantenernos en pie, aun en medio de la tempestad.

Hebreos 12:2 «Puestos los ojos en Jesús, el autor y consumador de la fe».

Salmo 121:1-2 «Alzaré mis ojos a los montes; ¿De dónde vendrá mi socorro? Mi socorro viene de Jehová Que hizo los cielos y la tierra».

Señor: *Quiero concentrarme en ti, en tu poder y en tu presencia cada vez que tenga un problema o atraviese una situación dolorosa. Ayúdame a tener siempre presente que tú eres mi socorro, y a enfocar constantemente mi mirada y pensamiento en ti; pues tú eres el autor y consumador de la fe. Te lo pido porque sé que a través de la sangre de tu Hijo tengo entrada al trono, amén.*

Hazlo personal

El murmullo de Dios para mí...

_____

_____

_____

_____

_____

_____

Amarás a tu prójimo, ¿cómo a ti mismo?

Cuando venimos a Cristo Él ordena nuestras prioridades. Él nos dice qué es lo más importante y qué va primero en nuestra vida.

En una ocasión un fariseo —quien era un gran conocedor de la ley— le preguntó al Señor cuál era el mandamiento más importante. Entonces Jesús le respondió diciendo: «El mandamiento más importante es amar a Dios sobre todas las cosas», y agregó: «y el segundo es semejante, amarás a tu prójimo como a ti mismo». Pero meditemos un poco en ello, ¿qué es lo que quiere decir esto último?

Ilustremos esto con un ejemplo. Supongamos que estás tú con un grupo de personas y de pronto llega alguien que pide tomarles una fotografía. Esta fotografía —les dice él— se publicará en todas las redes sociales, en el periódico, e incluso, en la televisión. Tú y el grupo aceptan, se toman la foto; pero luego el fotógrafo dice que antes de publicarla dejará que ustedes la vean, y la proyecta en la pared. Ahora dime, si tú estás en esa fotografía, ¿a quién buscarías primero? Te aseguro que te buscarías a ti mismo, todos lo haríamos, ahora viene otra pregunta: ¿permitirías que se publicara si todos salieran bien excepto tu?

Eso es amar al prójimo como a ti mismo, que lo busques a él de la misma manera que te buscarías a ti, y procures su bienestar de la misma manera que procurarías el tuyo.

Si todos deseáramos para los demás lo mismo que deseamos para nosotros, esta vida sería muy diferente. Jesús es un hombre infinitamente sabio, Él es el Hijo de Dios, y nos conoce a la perfección; por eso requiere de nosotros que dejemos de ser egoístas y pensemos en los demás tanto como lo hacemos en nosotros mismos.

> Mateo 22:34-40 «Entonces los fariseos, oyendo que había hecho callar a los saduceos, se juntaron a una. Y uno de ellos, intérprete de la ley, preguntó por tentarle, diciendo: Maestro, ¿cuál es el gran mandamiento en la ley? Jesús le dijo: Amarás al Señor tu Dios con todo tu corazón, y con toda tu alma, y con toda tu mente. Este es el primero y grande mandamiento. Y el segundo es semejante: Amarás a tu prójimo como a ti mismo. De estos dos mandamientos depende toda la ley y los profetas».

Señor: *Enséñame a ver a mi prójimo como me veo a mi misma; quiero procurar su bien tal y como procuro el mío. También oro por mis enemigos para que tú transformes sus corazones y los guíes a tus caminos, en el nombre de Cristo Jesús, amén.*

Hazlo personal

El murmullo de Dios para mí...

_____

_____

_____

_____

_____

A su imagen y semejanza

En el relato de la creación, en el Génesis, Dios creó al hombre del polvo, y sopló aliento de vida en él. Es decir, el mismo Dios le dio ese aliento de vida, un aliento que provino del mismísimo Creador del universo.

Hay muchas cosas que se pueden decir con respecto a esto; sin embargo, me enfocaré en una, Dios dijo: «*Hagamos al hombre a nuestra imagen y semejanza*». Por lo tanto, ¡tú y yo somos semejantes a Dios! Pero, ¿en qué somos semejantes?

Nosotros estamos constituidos de tres partes: un cuerpo, un alma y un espíritu. Somos semejantes a Dios en que Él puso en nosotros un alma que consiste en sentimientos, pensamientos y voluntad, así como Él tiene sentimientos, pensamientos y voluntad. También tenemos un espíritu, así como Él es Espíritu; el espíritu es lo que Dios mismo depositó en nosotros cuando nos dio aliento de vida. El cuerpo es lo físico, lo palpable, lo que tiene contacto con el mundo.

La Biblia dice que luego que Dios hizo al hombre del polvo de la tierra sopló en él y fue un ser viviente.

Cuando morimos, el espíritu regresa a Dios, pues Él nos lo dio; el alma va al cielo o al infierno (pues no hay un lugar intermedio, ni oportunidad de salvación después de la muerte); y el cuerpo vuelve a la tierra de donde fue tomado.

Al meditar en el amor de Dios y el hecho de que fuimos creados a su imagen y semejanza, podemos darnos cuenta de la gran responsabilidad que tenemos de reflejarlo. Así que, esta es una invitación para ti (la que un día fue para mí también): si no has entregado tu vida a Cristo, hoy es el momento de hacerlo; y si ya lo has hecho, hoy es el momento de empezar a reflejar su amor a través de tu vida.

> Génesis 1:26 «Entonces dijo Dios: Hagamos al hombre a nuestra imagen, conforme a nuestra semejanza».
>
> Génesis 2:7 «Entonces Jehová Dios formó al hombre del polvo de la tierra, y sopló en su nariz aliento de vida, y fue el hombre un ser viviente».
>
> 1 Tesalonicenses 5:23 «Y el mismo Dios de paz os santifique por completo; y todo vuestro ser, espíritu, alma y cuerpo, sea guardado irreprensible para la venida de nuestro Señor Jesucristo».

Señor: *Te agradezco que, aunque no lo merezco, me hayas hecho a tu imagen y semejanza. Agradezco la libertad que tengo para reconocerte y alabarte eternamente. Te pido que cuando las personas vean mi vida, realmente vean la maravillosa semejanza que tengo a ti, como mi Creador, y que así refleje tu amor, en el nombre de Jesús, quien también fue partícipe de toda la creación, amén.*

Hazlo personal

El murmullo de Dios para mí...

_____

_____

_____

_____

Provisión espiritual

Existen muchas situaciones que pueden producirse en la vida. Unas son buenas, otras no tan buenas, y otras que pueden ser malas desde nuestro punto de vista. Sin embargo, de algo podemos estar seguros: de que pase lo que pase, Dios nos proveerá lo necesario para salir adelante.

Esta es la clase de confianza que aprendí mientras mi hija mayor se encontraba hospitalizada debido a una bacteria en el talón. Gracias a Dios, el mal en su cuerpo fue detectado a tiempo y no pasó a mayores; sin embargo, cuando mi familia y yo atravesamos por ese proceso, pude sentir la maravillosa provisión espiritual de Dios. Hubo muchas personas que nos llamaron por teléfono para orar por ella, otras que nos enviaron mensajes; otras incluso vinieron personalmente a orar por la salud de mi hija. Así, pude ver la mano de Dios; cómo Él, a través de muchas personas, nos brindó ayuda espiritual.

Uno de los nombres que se le da a Dios en la Biblia es *Jireh* que significa, «Jehová proveerá». Cuando pensamos en esto, casi puedo asegurar que automáticamente pensamos en la provisión económica; sin embargo, el salmo 23 empieza diciendo *Jehová es mi pastor, nada me faltará*, y esto no se refiere solo a la economía, sino —como en este caso—, también a una provisión emocional y espiritual.

Es maravilloso saber que contamos con *Jireh*, quien nos envía personas para mantenernos fuertes mediante la oración. A través de ellos, Dios nos da una palabra de aliento, que en los momentos difíciles, ésta sostiene nuestro corazón

Qué bello fue constatar que Dios estuvo presente en esta situación que atravesamos; no sólo *Jireh* proveyó los medios económicos para pagar las cuentas, sino que Él se encargó de proveer un bálsamo espiritual y emocional durante todo el proceso.

1 Tesalonicenses 4:9 «Pero acerca del amor fraternal no tenéis necesidad de que os escriba, porque vosotros mismos habéis aprendido de Dios que os améis unos a otros».

Salmos 23:1 «Jehová es mi pastor; nada me faltará».

Señor: *Gracias por cada persona que ora por nosotros. Gracias porque tu nos provees gente que se preocupa por nosotros y nos incluye en sus oraciones. Te pido que los bendigas y que tu gracia sobreabunde en ellos, en el nombre de Cristo Jesús, amén.*

Hazlo personal

El murmullo de Dios para mí...

_____

_____

_____

_____

_____

Día del padre

Es impresionante cómo pasa el tiempo y cómo Dios va poniendo cada cosa en nuestra vida en su debida perspectiva. Cuando somos jóvenes muchas veces no valoramos ni entendemos a nuestros padres, pero cuando nos convertimos en padres entendemos muchas de las razones y consejos que ellos nos dieron. Estos fueron los consejos que fueron formando nuestro carácter y nuestra forma de ver la vida.

Papá siempre, sin importar lo que estuviera haciendo, dejaba todo para escucharnos. Hasta hoy lo sigue haciendo; aunque ya somos grandes, y cada hijo tiene ahora su propia familia, él continúa brindándonos su tiempo. Papá continúa escuchándonos con paciencia, (aunque nuestras ideas en ocasiones puedan parecerle extrañas).

En una ocasión mi papá me dijo que, si alguien me decía algo con respecto a Dios, yo debía sacar mi Biblia y pedirle que me dijera en dónde dice, «ella debe de ser tu guía» —agregó.

Incluso, cuando yo misma tengo a veces ideas con respecto de algo, este consejo viene a mi mente y pido a mi Padre celestial que me guie con su Santo Espíritu a través de su Palabra.

Es cierto que el padre terrenal que Dios me dio está plagado de defectos (quien no lo está); pero Dios, en su sabiduría, puso a un hombre en mi vida para que me enseñara que aun cuando mis peticiones no son elocuentes, Dios está ahí, escuchándome como un Padre amoroso que siempre tiene tiempo para sus hijos.

Ciertamente, me dio un padre no perfecto, pero sí el que yo necesitaba.

Salmo 34:15 «Los ojos del SEÑOR están sobre los justos, Y atentos sus oídos al clamor de ellos».

Señor: *A veces es difícil comprender a nuestros padres, pero te agradezco que estén ahí siempre para nosotros. Te agradezco por cada enseñanza que ellos nos dan en la vida; pero, sobre todo, te agradezco que tú seas el Padre eterno y perfecto que siempre está dispuesto a escucharnos. Oro en el nombre de Cristo Jesús, amén.*

Hazlo personal

El murmullo de Dios para mí...

_____

_____

_____

_____

_____

Creer, conocer y creerle

Hay una gran diferencia entre creer en Dios y *creerle a Dios*. Si tuviéramos oportunidad de preguntar a un gran número de personas si ellas creen en Dios, la mayoría nos contestaría que sí, que sí creen. Si les preguntáramos si le creen a Dios, creo que también la mayoría nos contestará que sí. Sin embargo, si queremos comprobar si esto es verdad, tendríamos que hacer una tercera pregunta: ¿sabes lo que Dios dice? Porque es muy bonito creer que creemos en Dios, pero cómo podemos creer en algo que desconocemos.

Dios nos ha dejado su Palabra para que la leamos, meditemos en ella y mediante ella seamos guiados por el Espíritu Santo, y así conozcamos a Dios y lo que Él dice.

Pero si nunca o casi nunca tenemos comunicación con nuestro Padre Celestial (mediante la oración) ni leemos su Palabra, ¿cómo le conoceremos, y cómo conoceremos sus Palabras?

Jesús dijo: «*Yo soy el camino, la verdad, y la vida; nadie viene al Padre si no por mí*» y también dijo: «*Sígueme*». Por tanto, si deseamos seguir a Jesús, sus huellas y su ejemplo están por toda la Biblia. Pide a Dios que mediante su Santo Espíritu te guíe por tierra de rectitud, y que te dé sabiduría y hambre por conocer y obedecer su Palabra. Sólo pide y Él te dará todo esto.

<u>Salmo 143:10</u> «Enséñame a hacer tu voluntad, porque tú eres mi Dios; Tu buen espíritu me guíe a tierra de rectitud».

Señor: *Guíanos por las sendas de rectitud que nos guían a tu presencia. Yo te creo, creo a tus Palabras y te confieso como mi Adonai, mi Señor y mi dueño. Oro en el nombre de Yeshúa, quien reina por los siglos, amén.*

Hazlo personal

El murmullo de Dios para mí...

_____

_____

_____

_____

_____

_____

El dolor que protege

Es humanamente inconcebible la forma en que Dios nos creó. Él hizo del ser humano una creación tan perfecta en todas sus partes, hasta en los más mínimos detalles, que es fascinante tan sólo meditar en algo así. Y Él lo hizo tan sólo mediante su Palabra, por su Palabra todo el universo fue creado.

Nuestro cuerpo es una máquina perfecta en la cual existe un alma y ella tiene un fin planeado: alabar a Dios. Y no sólo durante el tiempo que estemos en la tierra, sino durante toda la eternidad.

Sin embargo, mientras estemos en este mundo habrá situaciones que nos hieran, como cuando nos lastimamos producto de algún golpe ya sea accidental o provocado; y éste causa dolor, aunque pueda ser algo momentáneo.

Si es debido a un accidente, el dolor nos recuerda que tenemos que tener cuidado; es un signo de advertencia. También el dolor en nuestro cuerpo (fuera de los accidentes y golpes) puede ser señal de la existencia de una enfermedad que se está desarrollando ahí, y es el mecanismo que Dios ha creado para avisarnos que algo anda mal.

Cuando pasamos por una situación de dolor Dios quiere sacarnos adelante, y si acudimos a Él, Él nos extiende su misericordia, nos sana y nos liberta. Sin embargo, permite que pasemos por el fuego también, para ser purificados y que podamos estar un día en su presencia.

El dolor es motivo de tristeza, pero Dios, como un buen alfarero toma las piezas rotas y nos hace de nuevo. El resultado es algo mucho mejor, algo conforme a su voluntad. El dolor nos protege, para que no nos alejemos de Él.

> Jeremías 18:4 «Y la vasija de barro que él hacía se echó a perder en su mano; y volvió y la hizo otra vasija, según le pareció mejor hacerla».

Señor: *Dame la paciencia para soportar el dolor cuando tú estás trabajando en mí. Te agradezco por darme la fuerza para creer que tú estás trabajando en mi vida y que siempre tus planes son perfectos. Gracias por tu amor y misericordia, gracias por tu Hijo Jesucristo, amén.*

Hazlo personal

El murmullo de Dios para mí...

_____

_____

_____

_____

_____

_____

El semáforo de la oración

Esta es una metáfora que era imposible dejar fuera de este libro, porque a través de ella podemos comprender cómo es que Dios nos responde cuando venimos a Él en oración.

Nuestras peticiones siempre tienen que ser traídas a Dios en oración. Nuestros deseos y las opciones que se nos presentan en la vida deben de ser puestas a los pies de Jesús para que Él nos guíe; pero debemos de ser pacientes y esperar que nuestro dueño y Señor nos responda.

A veces Dios nos contestará *un verde*, lo cual indica que nuestra oración fue contestada con rapidez, y es exactamente lo que habíamos pedido; por lo general este tipo de contestación de Dios provoca en nosotros un gozo indescriptible.

Otras veces Dios nos contesta *un amarillo*, lo cual significa que aún no es el momento correcto para lo que estamos pidiendo o que, por el momento, esto no es algo bueno para nosotros. Así que, necesitamos seguir perseverando en oración, esperando que Dios obre.

Otras veces Dios nos indica *un rojo*, y esto significa que lo que estamos pidiendo no es algo bueno o sano para nosotros. En tal caso debemos dejar el asunto y confiar que Dios tiene mejores planes para nosotros. Cuando Dios nos indica *un rojo* muchas veces nos enojamos, nos entristecemos y a veces, hasta dejamos de orar, pero en tal circunstancia debemos confiar que la voluntad de Dios es buena y perfecta.

Sea cual sea la respuesta de Dios a nuestras oraciones, lo importante es saber que Él está atento a nosotros siempre, sin importar cuán loca o descabellada suene nuestra petición. Él es nuestro Padre, nos ama, y nos contestará en el tiempo y a la manera que Él sabe es lo mejor para nosotros.

<u>Proverbios 5:21</u> «Porque los caminos del hombre están ante los ojos de Jehová, Y él considera todas sus veredas».

Señor: *Gracias por la bendición de ser escuchada por ti, de saber que mis caminos están delante de tus ojos y que tú eres quien guía mi vida. Pongo mis planes, sueños e ilusiones ante ti para que los guíes según tu voluntad, sabiendo que tus designios en mi vida siempre serán los mejores. En el nombre de Yeshúa Adonai, amén.*

Hazlo personal

El murmullo de Dios para mí...

_____

_____

_____

_____

_____

Él me rescata sin importar de dónde

Hace algunos años teníamos dos perritas. Ellas me encantaban, pero solían escapar de casa por más que intentábamos evitarlo. Sin embargo, mi familia y yo siempre salíamos a buscarlas y las hallábamos.

En una ocasión se extraviaron durante una tarde lluviosa, y las hubiésemos perdido para siempre de no ser por un joven quien las rescató de la corriente provocada por la tormenta.

En otra ocasión las llevamos de paseo al parque, las llevamos en el auto. Sin embargo, inmediatamente al llegar allí, para mi desgracia ellas cayeron en una fosa de drenaje que por alguna razón no tenía tapa. Así que, en esa ocasión el rescate de mis perritas fue algo muy desagradable y un trabajo sucio en verdad.

Lo que quiero ilustrar con esto es el amor, la misericordia y la santidad de Dios. Él nos ama a tal grado que nos busca y no descansa hasta encontrarnos; nos rescata y nos limpia; y lo hace cuantas veces sea necesario. Aun cuando nuestros pecados nos hagan caer en un pozo lleno de suciedad, Él estará ahí para rescatarnos y llevarnos de nuevo a casa, a su presencia. Nuestro Señor desea que siempre andemos en sus caminos, los cuales son fieles y verdaderos.

Cristo murió por nosotros, Él dio su vida en una cruz y fue torturado y sacrificado cruelmente, y lo hizo para que tú y yo tengamos la bendición de ser limpios por su sangre ante Dios el Padre. Él hizo todo esto porque desea que tengamos la bendición de vivir en santidad y así disfrutar de su presencia y de su Espíritu.

> Isaías 1:18 «Venid luego, dice Jehová, y estemos a cuenta: si vuestros pecados fueren como la grana, como la nieve serán emblanquecidos; si fueren rojos como el carmesí, vendrán a ser como blanca lana».

Señor: *No hay palabras que puedan explicar tu amor y misericordia para conmigo. Te pido perdón por caer en pecado y por perseverar en él. Te pido que me laves con la sangre de tu Hijo para poder presentarme ante ti como una ofrenda de olor fragante. Yo acepto que Jesús es tu Hijo Unigénito, y que murió en una cruz por mí para rescatarme; asimismo proclamo que tu nombre es sobre todo nombre. Oro en el nombre de Jesús, amén.*

Hazlo personal

El murmullo de Dios para mí...

_____

_____

_____

_____

_____

_____

Preservar la vida

Llamó mi atención una entrevista que vi de ciertos emprendedores españoles cuya transmisión fue en uno de los más importantes canales de televisión de México. En la entrevista ellos estuvieron dialogando en relación al tema de la preservación de la vida.

Ahí, el entrevistador hizo algunas preguntas interesantes a uno de estos emprendedores a quien interrumpió cuando él hablaba apasionadamente. Las preguntas fueron estas: ¿A qué tiempo de gestación consideras tú que un feto tiene vida? ¿En qué mes sería considerado como un ser humano? ¿Acaso es desde que el óvulo es fecundado?

La respuesta que escuché fue muy decepcionante: «¡Hemos venido aquí a hablar de la vida del planeta, de la preservación de los árboles, de la tala indiscriminada, etc., no de la vida en gestación… cada gobierno tiene ya estipulado el tiempo para que un aborto sea legal! ¡Ese no es el tema aquí!» —contestó.

Es increíble cómo la gente puede preocuparse por la vida de los árboles, pero no de la vida humana. Y todo esto tiene un solo trasfondo: la falta de Dios y el desconocimiento de su Palabra.

No es que Dios haya querido ese destino para el mundo, sino que el mundo decidió no tomarlo en cuenta a Él. Básicamente, todo se podría solucionar con una básica y sencilla regla ordenada por Jesucristo, el Hijo de Dios: «Amarás a Dios sobre todas las cosas y a tu prójimo como a ti mismo».

Si nuestro mundo obedeciera lo que Jesús dice no tendríamos que invertir tiempo en ver cómo preservar la vida: ni la de los árboles, ni la de los animales, y mucho menos la de las personas.

> Romanos 1:28-32 «Y como ellos no aprobaron tener en cuenta a Dios, Dios los entregó a una mente reprobada, para hacer cosas que no convienen; estando atestados de toda injusticia, fornicación, perversidad, avaricia, maldad; llenos de envidia, homicidios, contiendas, engaños y malignidades; murmuradores, detractores, aborrecedores de Dios, injuriosos, soberbios, altivos, inventores de males, desobedientes a los padres, necios, desleales, sin afecto natural, implacables, sin misericordia; quienes habiendo entendido el juicio de Dios, que los que practican tales cosas son dignos de muerte, no sólo las hacen, sino que también se complacen con los que las practican».

Señor: *Enséñanos a tomarte en cuenta en todos nuestros caminos, tómanos de la mano y no nos sueltes; que en nuestro planeta te tomemos en cuenta en cada decisión por sencilla que parezca y que nuestras acciones glorifiquen tu nombre. Quita de nosotros todo egocentrismo para poder humildemente servir a otros, en el nombre de tu Hijo amado Cristo Jesús, amén.*

Hazlo personal

El murmullo de Dios para mí...

_____

_____

_____

_____

_____

Bodas judías

Las bodas judías en la antigüedad eran bastante interesantes. El novio y la novia se comprometían a casarse, el trato lo hacían los padres de ellos y se establecía un «precio» [la dote] por la novia, un precio que el novio tenía que pagar. Después, el novio se iba a «hacer casa para la novia»; y la novia, mientras tanto, tenía que esperar cada día a su amado, y estar siempre lista para que, para cuando él viniera, no la encontrara desarreglada.

Cuando el papá del novio consideraba que todo estaba listo para que su hijo fuera por su prometida, entonces le daba permiso para ir por ella. La boda duraba siete días, ¡eran siete días de fiesta!; luego, cuando la celebración terminaba, entonces se declaraba a la pareja formalmente casada y comenzaba para ellos la vida matrimonial.

La forma en que se efectuaban las bodas judías tiene mucha similitud con la relación de Cristo y su Iglesia. Cristo es el novio y la Iglesia la novia, quien espera hasta convertirse en su esposa cuando se efectúen las bodas del Cordero. Por eso es sumamente importante para la esposa estar lista. Ella necesita tener comunión con Él, con su Amado; platicar con Él, leer su Palabra, conocerlo, porque un día, Él mismo vendrá por su novia y la llevará a ese gran banquete.

Pero hay algo más, y ¡esto es asombroso! Cuando le preguntaron a Jesús cuándo regresaría, Él dijo que nadie lo sabía, ni siquiera Él mismo, sino su Padre. De tal manera que Cristo mismo está en sujeción al Padre, esperando que Él le dé autorización para venir por su novia, tal y como sucedía en la antigüedad en las bodas judías.

Apocalipsis 19:7 «Gocémonos y alegrémonos y démosle gloria; porque han llegado las bodas del Cordero, y su esposa se ha preparado. Y a ella se le ha concedido que se vista de lino fino, limpio y resplandeciente; porque el lino fino es las acciones justas de los santos».

Mateo 24:36 «Pero el día y la hora nadie sabe, ni aun los ángeles de los cielos, sino sólo mi Padre».

Señor: *Que todos los días sean una celebración en mi vida al saber que soy tu novia y estoy esperándote. Ayúdame a mantener un gozo vibrante mientras te espero y estar atenta a tus tiempos. Quiero que cuando tú regreses me encuentres preparada, embellecida espiritualmente a fin de participar en las bodas del Cordero y así convertirme en tu esposa por siempre. Oro en el nombre de Jesús, quien prometió volver por nosotros, amén.*

Hazlo personal

El murmullo de Dios para mí...

_____

_____

_____

_____

_____

Multitud de alergias

El embarazo de nuestra segunda hija fue muy difícil para mí: tuve un virus; pasé por una intervención sin anestesia; tuve anemia, y experimenté algunas otras complicaciones. Sin embargo, ahora veo que esa niña debía nacer, porque ella tiene algo muy importante que hacer en esta vida.

Cuando Daniela nació fue enfermiza. Los médicos no sabían lo que tenía, y le hicieron infinidad de exámenes sin descubrir la raíz del problema. Finalmente, una doctora, con solo verla, nos dijo la razón de los problemas de salud de mi hija: alergias, una multitud de alergias que tenían relación con su ingesta de proteínas; así que, mientras no comiera proteínas todo estaría bien. El problema parecía estar resuelto, pero ¿¡cómo quitar de la dieta las proteínas a una bebé!?

Daniela —cuyo nombre significa «no me abandonará la fe»— hoy es una adolescente quien ha superado todas esas enfermedades, y una niña completamente sana.

Recuerdo un día, estando en el hospital, en uno de aquellos en que tuvimos que internarla, que llegó mi suegro y nos dijo que debíamos pedirle a Dios que la sanara. Así que, hicimos una oración sencilla. En realidad, quisiera recordar cada palabra que oré aquel día, pero no las recuerdo; lo que sí sé es que Daniela, a pesar de su corta edad, fue un instrumento clave que Dios usó para que yo fuera a sus pies, y para que comprendiera que aun mis hijos son de Él.

Un dato interesante es que cuando le puse el nombre de Daniela a mi hija pensé que sería para ella un buen recordatorio de que la fe no debería nunca faltarle; sin embargo, en realidad, su nombre constantemente me recuerda a *mí* de la fidelidad de Dios, y que mediante la fe somos fortalecidos en las tribulaciones.

Salmo 37:4-5 «Deléitate asimismo en Jehová, Y él te concederá las peticiones de tu corazón. Encomienda a Jehová tu camino, Y confía en él; y él hará».

Señor: Ayúdame a entender que todo lo que tengo, incluyendo mis hijos, es tuyo. Dame un corazón agradecido por las bendiciones que me das, pero también por las pruebas que me ayudan a crecer en fe y trabajan en mi carácter para parecerme cada día más a tu Hijo Jesucristo. Te ruego que me permitas ser moldeada por tu Palabra y que tu Santo Espíritu me guie a tierras de rectitud. Te lo pido todo en el nombre de Jesucristo, que es mi Adonai (que significa dueño y Señor). Amén

Hazlo personal

El murmullo de Dios para mí...

_____

_____

_____

_____

_____

La ilustración de la rana

Existe una teoría científica que habla acerca de que, si pones una rana en una cacerola con agua fría (lo cual es normal para ella) y luego enciendes el fuego muy lento, poco a poco irá acostumbrándose al incremento del calor, de manera que, sin que ella se dé cuenta, llegará un momento en que morirá quemada por el agua caliente.

Esto ilustra la manera en que el pecado trabaja en nosotros. Nos vamos acostumbrando a cosas que son desagradables a Dios, el pecado se va introduciendo poco a poco, y nos vamos separando de Dios sin nosotros siquiera darnos cuenta. Llega un momento que podemos estar haciendo cosas pecaminosas y verlas como algo «normal».

Cuando inventaron la televisión jamás alguien imaginó que algún día se exhibirían ahí personas sin ropa, mucho menos teniendo relaciones sexuales. Sin embargo, todo fue avanzando poco a poco hasta llegar al desenfreno que hoy existe.

Es como si razonáramos de esta manera: *Bueno, con un poco no pasó nada, así que con otro poco no habrá tampoco gran problema*, hasta que terminamos como la rana, muertos en nuestros pecados sin siquiera habernos dado cuenta de cómo fue que llegamos ahí.

Como el hijo pródigo, que poco a poco se fue quedando sin dinero y sin amigos, hasta que terminó alimentando a los cerdos lejos de la casa de su padre, con hambre y deseando saciarse de la comida que él le daba a aquellos sucios animales.

Nuestro caminar en este mundo es algo temporal, por lo que nuestra prioridad siempre debe ser tener los ojos puestos en Jesús, el autor y consumador de la fe.

No nos acostumbremos pues a llamar bueno lo que este mundo llama bueno, sino filtremos las cosas conforme a la Palabra de Dios, pues ella es nuestro mapa en la vida. No debemos acostumbrarnos al pecado, sino más bien, combatir con nuestra propia carnalidad, y así, jamás amoldarnos al mundo, esto es algo que Dios nos advierte a través de Pablo.

> Romanos 12:2 «No os conforméis a este siglo, sino transformaos por medio de la renovación de vuestro entendimiento, para que comprobéis cuál sea la buena voluntad de Dios, agradable y perfecta».

Señor: *Enséñame tus caminos; que tu palabra sea una luz que alumbre por donde deba andar. Que cada decisión que tome sea para alabar tu nombre. Señor, no permitas que me vaya amoldando a este mundo, ni que vea lo malo como bueno. Que tu Espíritu Santo me indique acerca de cualquier comportamiento que se traduzca en pecado, por más sutil que parezca. Quiero vivir esta vida agradándote minuto a minuto, llena de agradecimiento por lo que tu Hijo Jesucristo hizo en la cruz por mí. Amén.*

Hazlo personal

El murmullo de Dios para mí...

Oración final de la autora:

Señor, oro por mis lectores, que este libro les ayude a crecer en fe y en amor a ti. Que cada día caminen en tus caminos y te conozcan cada vez más. Te suplico que cada historia quede en su corazón y les sea recordada en el momento justo, cuando más la necesiten recordar a fin de que tú seas honrado en todo. Oro en el nombre precioso de tu Hijo Jesús, amén.

PALABRA PURA
palabra-pura.com

La Editorial Palabra Pura está dedicada a crear materiales de educación cristiana para el estudio personal, la iglesia e institutos bíblicos. Usted puede consultar los recursos que ofrecemos en nuestra página web:

www.Palabra-Pura.com

Confiamos que la lectura de este libro haya sido de gran bendición para su vida. Mucho nos ayudará a seguir adelante si nos otorgara tan sólo un minuto de su tiempo para escribir un comentario positivo respecto a este libro **en la pagina de Amazon** (no es necesario comprar el libro para escribir su opinión o *review*).

Gracias por ser parte de nuestra comunidad de lectores y darnos el privilegio de servirle.
¡Dios le bendiga!

www.ingramcontent.com/pod-product-compliance
Lightning Source LLC
Chambersburg PA
CBHW052113110526
44592CB00013B/1588